학생 중심의
제7차 초등영어 교육과정 심층분석

학생 중심의

제7차 초등영어 교육과정 심층분석

김 영 철 지음

글로벌콘텐츠

이 책을 내면서

우리 아이들이 학교에서 영어 교육을 어떻게 받고 있으며, 학교 영어 교육에 대해 어떻게 생각하고 있을까? 이 책을 읽는 독자와 학부모라면 아주 궁금하게 생각할 것입니다. 이 책은 이러한 궁금증에 대해서 많은 대답을 해줄 것으로 여겨집니다.

이 책은 우리 꼬마 아이들의 눈과 입을 통하여 현 초등영어 교육과정의 제반 사항들에 대해서 살펴보고자 한 것입니다. 초등영어 교육의 교육 목표, 교육내용, 교수·학습 방법, 평가의 관점에서 우리 아이들이 현 초등영어 교육과정, 즉 학교 영어 교육에 대해서 어떻게 생각하고 있는지를 살펴보고자 한 것입니다. 이를 위하여 우리 꼬마 아이들을 대상으로 설문 조사를 실시하였고, 아울러 현장에서 아이들의 수업 장면들을 관찰하고 심층 면담도 실시하였습니다. 이러한 과정들을 통하여 우리 꼬마 아이들의 관점에서 현 초등영어 교육과정에 대해서 진솔하게 살펴보고 기술하였습니다.

이 책은 우리나라 초등학교 학생들의 수준별 수업, 활동 수업, 영어권 문화 수업, 수행평가, 교과서 수업 흥미, 교과서 수업 영어 실력 향상, 듣기와 말하기 흥미, 듣기와 말하기 실력 향상, 읽기와 쓰기 흥미, 읽기와 쓰기 실력 향상, 학교에서 영어를 더 배우고 싶음, 학교 영어 흥미, 사교육 기관 영어 희망, 사교육 기관 영어 흥미, 전담교사와 담임교사, 문자언어 현행 유지, 듣기·말하기·읽기·쓰기 기능의 3학년 시작, 문자언어 더 배우고 싶음, 3학년 시작 선호, 1학년 시작 선호, 유치원 영어, 1·2학년 영어 학습, 학교 영어 시간 부족, 활동 중심 수업 흥미, 활동 중심 수업 영어 실력 향상, 단어 더 배우고 싶음, 3학년부터 수업 후 더 관심, 학교 이외에서의 영어 교육 장소, 문자언어 학습 시 어려운 점, 학교에서의 영어 학습 시 좋은 점, 사교육 기관에서의 영어 학습 시 좋은 점 등 독자와 학부모들이 궁금하게 생각하는 내용들에 대해서 심층적으로 살펴보았습니다.

마지막으로 이 책을 통하여 초등학교 학생들의 학부모님들과 영어 교육 전문가들이 우리 아이들의 영어 교육에 대한 생각들을 잘 받아들여 앞으로 초등영어 교육과정과 초등영어 공교육에 도움이 되기를 간절히 바랍니다. 앞으로 초등영어 교육이 초등학생들의 특성상 즐거움을 가지고 개인의 실력도 향상시키는 방향으로 나아가기를 간절히 바랍니다. 아울러 우리 꼬마아이들이 영어 교육을 통하여 자기 주체성을 가지고 우리의 것을 영어로 세계에 알리는 역할을 할 수 있는 어른으로 성장하기를 바랍니다.

2011년 5월

저자 씀

차 례

제2부 학생의 학년과 사교육 경험 중심으로

제 1 부

권역과 성별 중심으로

제 1 장 연구의 필요성 및 목적

지금까지 학생들을 대상으로 한 초등영어 교육의 효과에 대한 연구는 1997년 3학년부터 2000년 6학년까지 단계적으로 6차 교육과정을 통하여 초등영어 교육을 받고, 2001년도부터 중학교에 입학한 중학교 1학년 학생들과 2002년도의 중학교 2학년 학생들 및 교사들을 대상으로 설문 조사를 한 것이었다. 즉, 중학교에 재학하고 있는 초등영어 교육을 받은 1, 2학년 학생들과 그렇지 않은 3학년 학생들과의 차이가 무엇인지를 교사와 학생들의 관점에서 규명하려는 설문 조사를 통한 양적 연구였다. 이러한 시도는 우리나라 초등영어 교육의 장점과 단점을 알아서 보다 나은 발전 방향을 모색해 보려는 것으로 우리나라 초등영어 교육의 발전을 위해서 꼭 필요한 것이었다.

하지만 이러한 연구는 6차 과정을 통해 초등영어 교육을 받은 중학교 1, 2학년 학생들과 교사들을 대상으로 한 것으로써 실험 대상자들의 주관적 판단이 개입될 가능성이 많은 양적 연구로 이를 보완하여 양적 연구의 객관성을 더욱 확보하고 타당한 결과들을 도출할 수 있는 질적 연구가 병행되지 못했다는 점이 아쉬움으로 남는다.

2001년부터 초등학교 3, 4학년의 교과서가 본격적으로 바뀌면서 현재 시행되고 있는 제7차 초등영어 교육과정 전반에 관련된 교사와 학생들을 대상으로 한 연구는 아직까지 미미한 실정이다. 지금까지 제7차 초등영어 교육과정은 현장 교사들 및 소수의 연구자들을 중심으로 초등학교 영어 교육 목표의 개선 방향(이완기, 2004)과 설정의 과제(오준일, 2004), 초등학교 영어 교육 내용 구성의 개선 방향(이완기, 2004)과 적정성(이의갑, 2004), 교과서 분석(김영숙, 2002; 김진철, 2003; 박영예, 2003; 오연화, 2001; 이성뢰, 2002; 이효은, 2001; 장은영, 2002), 어휘 분석(김소영, 2001; 박정애, 2001; 이찬현, 2001), CD-ROM 활용(김송희, 2002; 김장규·윤지여, 2002; 성춘자, 2001; 안현모, 2001; 임춘희, 2004)과 문화 교육(노현수, 2001; 박옥희, 2004; 박유신, 2001; 이영희, 2002) 등 교육과정의 일부 항목들을 대상으로 교사들에게 초점이 맞추어져 이루어져 왔고, 제7차 초등영어 교육과정 전반에 관한 연구들(김영철, 2004; 최진황·이윤, 2004)도 교사들에게 초점이 맞추어져 이루어져 왔다. 또한 초등학생들을 대상으로 한 연구는 초등영어 학습자의 요구를 파악하려는 연구(김해동, 2005)가 있을 뿐이었다.

학생들을 대상으로 지역의 한계를 극복하고 보다 광범위하게 전국적으로 실시한 연구는 아직까지 제시되어 있지 않다. 지역별로 현 교육과정의 영어가 제대로 실시되고 있는지, 문제점은 무엇인지, 앞으로의 개선책은 무엇인지를 교육과정 분석체계의 전체적인 틀 안에서 학생들을 대상으로 양적 연구와 질적 연구를 통해 알아보는 것은 6차 교육과정을 통해 이루어진 초등영어 교육의 효과를 알아보는 것 못지않게 중요한 연구이며, 초등영어 교육의 발전을 위해서는 필수적인 것이라고 본다. 특히 현장에서 교육의 주체로서 초등학생들을 가르치고 있는 교사들뿐만 아니라 학생들을 대상으로 현 교육과정에서 어려운 점은 없는지, 현 교육과정에 대해서 어떻게 생각하고 있는지를 설문 조사를 통한 양적 연구와 관련 자료 및 심층 면담과 수업 참여관찰을 통한 질적 연구를 병행해 알아보는 것은 앞으로의 교육과정뿐만 아니라 앞으로의 초등영어 교육의 발전과 활성화에도 반드시 필요할 것이라고 본다.

따라서 본 연구는 현재 시행되고 있는 제7차 초등영어 교육과정에 대해 양적 연구와 질적 연구를 병행하여 전국적으로 실시하였다. 양적 연구로서, 전국의 초등학교 학생들을 대상으로 전문가의 자문을 구한 신뢰도와 내용 타당성이 있는 설문 조사지를 토대로 설문 조사를 실시하였다. 아울러 질적 연구로서, 양적 연구를 보완할 수 있는 수업 관찰 및 관련 자료들을 통한 심층 면담법을 사용하여 현재의 초등영어 교육과정의 문제점과 개선 방향을 알아보고, 현재 범람하고 있는 사교육에 대응하기 위해서는 초등영어 교육이 앞으로 어떻게 개선되어야 하는지를 초등학생들을 통해 알아보았다. 이렇게 함으로써 학문적으로 초등영어 교육 발전에 기여할 것으로 보이며, 더 나아가 개선된 교육과정을 통해 교육을 받은 학생들이 장차 국제 사회의 일원으로서 이 나라의 사회 발전에 기여할 것으로 보인다.

제2장 연구 방법

본 연구의 목적은 제7차 초등영어 교육과정의 현황을 학생들의 관점에서 살펴보고, 발전적인 방향을 제시하려는 데 있다. 이러한 연구 목적을 달성하기 위하여 양적 연구quantitative study와 함께 질적 연구qualitative study를 병행하여 사용하였다. 먼저 양적 연구로써 전국의 초등학교 학생들을 지역별로 일정 비율씩 무선 표집하여 설문 조사를 실시하고, 그 결과를 분석한 다음, 질적 연구인 심층 면담과 수업 관찰을 통하여 양적 연구를 보강하고자 하였다. 이와 관련한 연구 방법으로 연구 대상, 연구 절차, 연구 구성 및 분석의 틀, 조사도구, 조사 절차, 자료처리 방법은 다음과 같다.

1. 연구 대상

1) 양적 연구

양적 연구의 대상은 수도권, 충청권, 호남권, 영남권, 제주권의 초등학교에 재학하고 있는 초등학교 학생 2496명이었다. 확률표집probability sampling인 단순무작위표집법simple random sampling을 이용하여 권역별로 수도권 965명, 충청권 302명, 호남권 297명, 영남권 872명, 제주권 60명을 표집하였다.

2) 질적 연구

질적 연구의 대상은 권역별로 8명을 선발하였다. 비확률표집non-probability sampling인 유의표집법purposive sampling을 이용하여 표집하였다. 특정 상황에 대한 심화된 자료를 도출하기 위하여 판단표집법judgment sampling이라고도 하는 유의표집법을 사용하였다. 10명 이내의 인원을 선발한 이유는 자료 수집의 시간과 비용을 줄이면서 양적연구를 보강하여 심층적인 자료를 얻기 위함이다.

2. 연구 절차

이 연구의 절차는 1단계로 전문가와 상의하여 제7차 초등영어 교육과정의 교육 목표, 교육 내용, 교수·학습 방법, 평가에 관한 구체적인 설문 조사서를 작성하였다. 그런 다음 설문 조사서를 토대로 제7차 초등영어 교육과정 분석 체계의 틀 안에서 심층 면담지를 작성하였다. 2단계로 양적 연구에 관한 설문 조사와 질적 연구로 수업 관찰을 통한 심층 면담을 실시하였다. 마지막 단계로 이를 토대로 자료를 분석하고 결과를 이끌어 낸다. 이를 그림으로 나타내면 다음 [그림 1]과 같다.

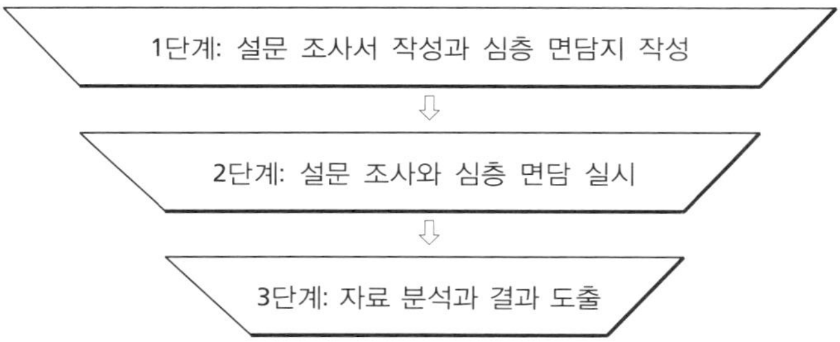

[그림 1] 연구 절차

3. 연구 구성 및 분석의 틀

양적 연구 구성 및 분석의 전체적인 틀은 최진황(2003)이 제시한 '교육과정 구성의 원리 및 실제'를 기초로 하여 전문가의 상의를 거쳐 제7차 초등영어 교육과정의 교육 목표, 교육 내용, 교수·학습 방법, 평가에 맞는 현장과 관련한 구체적인 설문 문항들로 작성하였다.

질적 연구 구성 및 분석의 전체적인 틀은 최진황·이윤(2004)이 제시한 제7차 교육과정의 주요 골자인 '교육과정의 재구성', '학습자 중심 교육', '다양화와 특성화'의 측면에서 학생들이 어떻게 생각하고 있는지를 심층적으로 살펴보았으며, 이를 토대로 양적 연구에서 흔히 나타나기 쉬운 설문 조사 대상자들의 주관적인 판단을 수정·보완하여 객관적이고, 체계적이며, 합리적인 연구가 되도록 하였다.

4. 조사 도구

1) 양적 연구

학생 중심의 제7차 초등영어 교육과정의 현황을 알

아보기 위하여 이 연구에서 사용한 양적 연구의 조사 도구는 설문 조사서였다. 이 연구에서 사용한 제7차 초등영어 교육과정에 대한 설문 조사서의 구성 내용은 최진황(2003)이 제시한 '교육과정 구성의 원리 및 실제'를 기초로 하였으며, 전문가와 상의하여 제7차 초등영어 교육과정의 교육 목표, 교육 내용, 교수·학습 방법, 평가에 관해서 현장과 관련한 구체적인 설문 문항들로 작성하였으며, 다음 [표 1]과 같다.

이 설문 조사서는 학생들의 신변에 관한 것으로 특별시, 광역시, 시, 군의 지역과 성별을 포함하였고, 내용으로는 Likert의 5점 척도("전혀 아니다" 1점, "아니다" 2점, "보통이다" 3점, "그렇다" 4점, "아주 그렇다" 5점) 설문 문항 28문항, 선택형 설문 문항 4문항으로 구성하였다. 초등학생들의 특성상 개방형 설문 문항들은 선택형 설문 문항들로 재구성하여 작성하였다.

[표 1] 설문 조사서의 구성 내용

구성 지표	구성 내용	문항 수
개인적 특성	지역, 성별	2문항
5점 척도 설문 문항	수업 목표, 수업 내용, 수업 방법, 수업 평가	28문항

구성 지표	구성 내용	문항 수
선택형 설문 문항	학교 이외에서의 영어 교육 장소, 문자언어 학습 시 어려운 점, 학교에서의 영어 학습 시 좋은 점, 사교육 기관에서의 영어 학습 시 좋은 점	4문항
총		34문항

2) 질적 연구

이 연구에서 질적 연구로 사용된 도구는 심층 면담지였다. 심층 면담지는 양적 연구로 사용할 제7차 초등영어 교육과정에 대한 설문 조사서를 보충하고, 객관적이고 타당한 자료를 수집할 수 있도록 구성하였다. 전체적인 연구 구성 및 분석의 틀인 제7차 초등영어 교육과정의 재구성, 학습자 중심 교육, 다양화와 특성화의 측면에서 구조화된structured 면담지와 비구조화된non-structured 면담지의 장점을 이용한 반구조화된semi-structured 면담지를 이용하였다.

이 연구에서 사용된 반구조화된 심층 면담지는 내용의 타당도를 확보하기 위해 전문가의 검토를 거쳐 수정, 보완하여 내용을 구성하였다. 본 연구에 사용한 심층 면담지의 구성 내용은 다음 [표 2]와 같으며, 구조화된 면담을 토대로 비구조화된 면담의 장점을 이용할 수 있는 반구조화된 면담을 할 수 있도록 내용을 구성하였다.

[표 2] 심층 면담지의 구성 내용

구성 지표	구성 내용	문항 수
개인적 특성	지역, 성별	2문항
수업 목표	교육과정의 재구성에 따른 수업 목표, 학습자 중심의 수준별 수업 목표, 그 지역의 특성 및 학습자들의 다양화에 초점을 맞춘 수업 목표	5문항
수업 내용	타교과목을 활용한 통합 영어 교육, ESL 자료를 이용한 읽기와 쓰기 보충 및 심화 문자교육 등 교육과정의 재구성에 따른 수업 내용, 수준차를 고려한 학습자 중심의 수업 내용, 그 지역의 특성을 고려한 다양하고 특성이 있는 수업 내용	9문항
수업 방법	교육과정의 재구성에 맞춘 다양한 교수·학습 방법, 학습자들의 수준을 고려한 수업 방법, 지역의 특성과 학습자들의 다양화에 따른 수업 방법	10문항
평가	교육과정의 재구성에 따른 평가 도구 및 방법과 종류, 학습자들의 수준을 고려한 평가, 그 지역 및 학생의 특성을 고려한 평가	7문항
총		33문항

3) 조사 도구의 신뢰도와 내용 타당도

양적 연구의 조사 도구인 5점 척도 설문 문항들의

신뢰도는 Cronbach α .82로 높게 나타났으며, 요인 분석factor analysis을 통한 타당도도 전체적으로 양호하였다.

4) 연구 참여자들의 윤리성 확보 문제

본 연구의 질적 연구에 참여한 8명의 연구 참여자들의 윤리성을 확보하기 위하여 연구자는 연구 참여자들에게 이 연구의 실행 목적을 설명하면서 진실들을 말해 줄 것을 요청하여 동의를 얻었다. 또한 연구 참여자들이 진실을 말할 수 있는 여건을 조성하기 위하여 연구 참여자들에 대한 계속적인 교육과 전문가들과의 협의를 실시하였다.

연구 참여자들이 여러 여건상 이 연구에서 밝히기를 꺼려하는 사항들도 진실을 말할 수 있도록 전문가들과 협의하여 윤리성 확보에 최선을 다하였으며, 연구 논문에서는 연구 참여자들의 이름을 가명으로 사용하였다.

5. 조사 절차

본 연구의 자료 수집은 인터넷이나 우편을 이용한 설문지들과 수업 관찰 및 심층 면담을 통하여 수집하였다. 구체적인 조사 절차는 다음과 같다.

1) 양적 연구

본 연구의 설문 조사서는 2005년 1학기 시작 때 완료하였다. 1학기 동안 이 분야의 전문가와 상의하여 설문 조사서를 신뢰할 수 있게 작성하였다. 방학 때인 8월에 마지막으로 전문가와 다시 상의하여 설문 조사서를 수정·보완하였고, 9, 10, 11, 12월 네 달에 걸쳐 전국적으로 실시하였다. 전국적으로 실시하는 설문 조사이므로 인터넷이나 우편을 이용하여 전국 11개 교육대학 교수와 그 지역 현장 교사 및 시·도교육청 장학사의 도움으로 설문 조사를 실시하였다.

2) 질적 연구

제7차 초등영어 교육과정의 현황에 대해서 보다 객관적이고 타당성 있는 고찰을 하기 위하여 설문 조사를 통한 양적 연구 외에 심층 면담과 수업 관찰을 이용하였다.

(1) 심층 면담법

심층 면담은 반구조화된 면담 형태로 이루어졌으며, 면담지 내용의 타당성을 검증하기 위하여 두 차례의 사전 예비 검사를 거친 다음 실시하였다. 첫 번째 예비 검사에서는 면담지 내용의 적절성과 현장 적용 가능성을 재고하기 위하여 전문가 회의를 열어 면담지를 수정·보완하였다. 두 번째 예비 검사에서는 8명의 면담자들을 대상으로 전문가 회의를 거쳐 수정·보완된 면담지를 검토하게 한 후, 현장과 관련이 적은 문항들이나 내용이 이해하기 어려운 문항들을 선별하도록 하여 최종 면담지 작성에 반영하여 수정·보완하였다.

(2) 수업 관찰

8명 면담자들의 각각의 학교를 방문하여 초등영어 수업 장면을 비디오로 녹화 하였으며, 여러 수업 장면을 관찰하고, 비디오 장면만으로는 알 수 없는 사항들은 메모를 하여 심층 면담 시 활용하여 반구조화된 면담법의 묘미를 살렸다.

6. 자료처리 방법

1) 양적 연구

본 연구의 양적 연구인 설문 분석은 SPSS version 10.0을 이용하였다. 28문항의 5점 척도 설문 문항들에 대해서 권역별로 각각에 차이가 있는지를 일원분산분석one-way ANOVA을 통하여 알아보았고, 성별로 상호간에 차이가 있는지를 알아보기 위하여 t-검정을 실시하였다.

4문항의 선택형 설문 문항들의 응답 내용을 분석하기 위해서는 빈도분석을 실시하였다.

2) 질적 연구

이 연구에서는 양적 연구의 조사 도구인 설문 조사서의 한계를 보완할 수 있도록 사례별 기록 및 분석, 분석적 귀납, 범주화의 과정, 자료 및 방법론적 삼각검증법triangulation을 이용한 질적 연구를 실시하고자 하였다. 방법론적 삼각검증법은 참여관찰과 심층 면담 및 관련 자료 분석을 통하여 연구 결과를 일반화하는 방법이다. 하지만 이 연구의 방법론적 삼각검증법에서는, 초등학생들에게 관련 자료의 분석을 통한 연구가 어렵기 때문에 심층 면담과 참여관찰을 통한 질적 연구를 실시하였다. 또한 방법론적 삼각검증법의 한 요소인 참여관찰 방법 중에서 중간 참여관찰을 이용하여 수업 장면을 비디오로 찍으면서 연구자가 수업은 관찰하지만 적극적으로 수업에는 개입하지 않았다.

제3장 연구 결과 및 논의

5점 척도 설문 문항들의 결과 분석 및 논의를 위하여 SPSS version 10.0을 이용하여 통계처리를 하였다. 28문항의 5점 척도 설문 문항들에 대한 분석과 4문항의 선택형 설문 문항들 및 수업 관찰을 통한 반구조화된 심층 면담에 대한 분석은 다음과 같다.

1. 5점 척도 설문 문항에 대한 양적 및 질적 분석

1) 권역별 차이 분석

권역별 평균, 표준편차, F검정, 유의확률, 사후검정 p

값을 통한 차이 분석은 다음 [표 3]과 같다.

[표 3] 권역별 평균, 표준편차, F값 및 사후검정

		n	M	SD	F	p	post-hoc test(p값)
수준별 수업	수도권	958	2.59	1.428	2.17	0.07	
	충청권	298	2.71	1.467			
	호남권	297	2.41	1.338			
	영남권	871	2.50	1.412			
	제주권	60	2.53	1.295			
	합 계	2484	2.55	1.415			
활동 수업	수도권	956	3.61	1.226	5.79***	0.000	수도권과호남,영남권의p=0.005,0.001;제주권과수도,충청,호남,영남권의p=0.02,0.005,0.000,0.000
	충청권	299	3.70	1.115			
	호남권	294	3.83	1.153			
	영남권	852	3.79	1.183			
	제주권	60	3.23	1.015			
	합 계	2461	3.70	1.189			
영어권 문화 수업	수도권	944	2.64	1.272	9.90***	0.000	수도권과호남,영남권의p=0.000,0.02;충청권과호남,영남권의p=0.000,0.003;호남권과영남권의p=0.000
	충청권	295	2.53	1.242			
	호남권	294	3.09	1.229			
	영남권	849	2.78	1.227			
	제주권	59	2.80	1.171			
	합 계	2441	2.73	1.255			
수행 평가	수도권	962	2.84	1.345	6.82***	0.000	수도권과호남,영남권의p=0.007,0.001;충청권과호남,영남권의p=0.004,0.002;제주권과수도,호남,영남권의p=0.02,0.001,0.001
	충청권	300	2.76	1.391			
	호남권	296	3.08	1.343			
	영남권	864	3.04	1.350			
	제주권	60	2.42	1.279			
	합 계	2482	2.92	1.357			

		n	M	SD	F	p	post-hoc test(p값)
교과서 수업 흥미	수도권	946	3.12	1.412			수도권과충청,호남,영남권의p=0.03,0.002,0.000;제주권과충청,호남,영남권의p=0.01,0.003,0.001
	충청권	293	3.32	1.473			
	호남권	291	3.40	1.375	8.63***	0.000	
	영남권	850	3.45	1.326			
	제주권	59	2.81	1.152			
	합 계	2439	3.28	1.388			
교과서 영어 실력 향상	수도권	953	2.70	1.226			수도권과호남,영남권의p=0.02,0.001;충청권과호남,영남권의p=0.02,0.003
	충청권	297	2.65	1.273			
	호남권	293	2.89	1.118	4.45**	0.001	
	영남권	856	2.89	1.185			
	제주권	59	2.63	1.015			
	합 계	2458	2.78	1.204			
듣기와 말하기 흥미	수도권	952	3.03	1.330			수도권과호남,영남권의p=0.000.0.000;충청권과영남권의p=0.03;제주권과호남,영남권의p=0.003,0.002
	충청권	299	3.16	1.349			
	호남권	295	3.35	1.289	9.03***	0.000	
	영남권	865	3.35	1.273			
	제주권	60	2.80	1.162			
	합 계	2471	3.19	1.313			
듣기와 말하기 실력 향상	수도권	940	2.76	1.185			수도권과호남,영남권의p=0.000.0.000;충청권과호남,영남권의p=0.000,0.000;제주권과호남권의p=0.04
	충청권	300	2.66	1.199			
	호남권	294	3.13	1.058	16.03***	0.000	
	영남권	859	3.10	1.146			
	제주권	60	2.80	.988			
	합 계	2453	2.91	1.168			
읽기와 쓰기 흥미	수도권	927	2.75	1.285			수도권과호남,영남권의p=0.000.0.000;충청권과호남,영남권의p=0.02,0.007
	충청권	297	2.83	1.355			
	호남권	295	3.08	1.264	8.80***	0.000	
	영남권	835	3.06	1.238			
	제주권	60	2.73	1.071			
	합 계	2414	2.91	1.279			

		n	M	SD	F	p	post-hoc test(p값)
읽기와 쓰기 실력 향상	수도권	913	2.60	1.222	27.53***	0.000	수도권과호남,영남권의p=0.000.0.000;충청권과호남,영남권의p=0.000,0.000
	충청권	298	2.57	1.248			
	호남권	261	3.16	1.255			
	영남권	775	3.12	1.149			
	제주권	60	2.87	1.096			
	합 계	2307	2.84	1.230			
학교에서 영어를 더 배우고 싶음	수도권	964	2.70	1.289	16.99***	0.000	수도권과충청,호남,영남권의p=0.000,0.000,0.000;충청권과영남,제주권의p=0.000,0.02;호남권과영남권의p=0.03
	충청권	299	3.31	1.386			
	호남권	297	3.19	1.326			
	영남권	874	3.00	1.345			
	제주권	60	2.88	1.209			
	합 계	2494	2.94	1.340			
학교 영어 흥미	수도권	957	3.09	1.317	16.93***	0.000	수도권과충청,호남,영남권의p=0.000,0.000,0.000;충청권과영남,제주권의p=0.02,0.000;제주권과호남,영남권의p=0.000,0.000
	충청권	299	3.63	1.324			
	호남권	296	3.52	1.278			
	영남권	868	3.40	1.270			
	제주권	60	2.77	1.015			
	합 계	2480	3.31	1.307			
사교육기관 영어 희망	수도권	960	2.94	1.426	2.87*	0.02	충청권과영남권의p=0.001
	충청권	301	3.12	1.508			
	호남권	292	2.96	1.388			
	영남권	850	2.81	1.447			
	제주권	59	3.05	1.395			
	합 계	2462	2.92	1.440			
사교육기관 영어 흥미	수도권	960	2.94	1.428	1.05	0.38	
	충청권	301	3.12	1.450			
	호남권	291	3.03	1.323			
	영남권	848	3.01	1.418			
	제주권	60	2.98	1.255			
	합 계	2460	3.00	1.411			

		n	M	SD	F	p	post-hoc test(p값)
전담 교사	수도권	962	4.39	1.148	89.79***	0.000	수도권과충청,호남,영남,제주권의p =0.000,0.000,0.000 .0.000;호남권과영남권의p=0.01
	충청권	297	3.15	1.855			
	호남권	289	3.36	1.813			
	영남권	850	3.08	1.847			
	제주권	60	2.98	1.692			
	합 계	2458	3.63	1.714			
담임 교사	수도권	958	1.31	.889	128.93***	0.000	수도권과충청,호남,영남,제주권의p =0.000,0.000,0.000 .0.000;호남권과영남권의p=0.03
	충청권	296	2.78	1.895			
	호남권	284	2.61	1.881			
	영남권	861	2.84	1.895			
	제주권	59	2.73	1.690			
	합 계	2458	2.21	1.729			
문자 언어 현행 유지	수도권	954	2.96	1.334	0.89	0.47	
	충청권	299	2.96	1.477			
	호남권	288	2.92	1.354			
	영남권	856	3.02	1.309			
	제주권	58	2.74	1.069			
	합 계	2455	2.97	1.341			
4기능 3학년 시작	수도권	936	2.97	1.445	1.40	0.23	
	충청권	297	3.08	1.490			
	호남권	295	3.11	1.440			
	영남권	854	3.12	1.483			
	제주권	60	3.18	1.172			
	합 계	2442	3.06	1.458			
3학년 시작 선호	수도권	956	3.17	1.416	3.04*	0.02	수도권과호남,영남권의p=0.01,0.03 ;호남권과제주권의p=0.02
	충청권	301	3.19	1.481			
	호남권	294	3.41	1.362			
	영남권	867	3.32	1.467			
	제주권	60	2.95	1.395			
	합 계	2478	3.25	1.438			

		n	M	SD	F	p	post-hoc test(p값)
1학년 시작 선호	수도권	959	2.41	1.533	0.57	0.69	
	충청권	300	2.48	1.614			
	호남권	295	2.33	1.502			
	영남권	863	2.37	1.542			
	제주권	60	2.27	1.460			
	합 계	2477	2.39	1.541			
유치원 영어	수도권	946	2.41	1.614	0.44	0.78	
	충청권	299	2.38	1.653			
	호남권	291	2.41	1.615			
	영남권	859	2.41	1.640			
	제주권	60	2.13	1.384			
	합 계	2455	2.40	1.622			
1·2 학년 영어 학습	수도권	950	2.82	1.694	3.49**	0.008	수도권과충청권의 p=0.009;충청권과 영남,제주권의p=0 .002,0.01
	충청권	295	3.12	1.747			
	호남권	288	2.97	1.720			
	영남권	856	2.76	1.714			
	제주권	59	2.49	1.601			
	합 계	2448	2.85	1.712			
학교 영어 시간 부족	수도권	949	2.52	1.412	7.68***	0.000	수도권과충청,호남,영남권의p=0.000,0.000,0.002;제주권과충청,호남,영남권의p=0.007, 0.005,0.04
	충청권	296	2.88	1.446			
	호남권	292	2.91	1.347			
	영남권	859	2.73	1.382			
	제주권	60	2.35	1.260			
	합 계	2456	2.68	1.402			
활동 중심 수업 흥미	수도권	958	3.64	1.369	29.47***	0.000	수도권과충청,호남,영남권의p=0.000,0.000,0.000;제주권과충청,호남,영남권의p=0.000, 0.000,0.000
	충청권	302	4.08	1.199			
	호남권	294	4.14	1.235			
	영남권	860	4.22	1.142			
	제주권	59	3.44	1.236			
	합 계	2473	3.95	1.283			

		n	M	SD	F	p	post-hoc test(p값)
활동 중심 수업 영어 실력 향상	수도권	956	2.98	1.270	18.54***	0.000	수도권과충청,호남,영남권의p=0.006,0.000,0.000;충청권과영남권의p=0.002;제주권과영남권의p=0.009
	충청권	301	3.21	1.347			
	호남권	293	3.37	1.211			
	영남권	865	3.47	1.205			
	제주권	59	3.03	1.144			
	합 계	2474	3.23	1.265			
단어 더 배우고 싶음	수도권	958	3.58	1.375	4.18**	0.002	수도,제주권과충청,호남,영남권의p=0.004,0.001,0.03
	충청권	302	3.84	1.298			
	호남권	296	3.89	1.257			
	영남권	868	3.72	1.348			
	제주권	59	3.58	1.465			
	합 계	2483	3.70	1.348			
3학년 부터 수업 후 더 관심	수도권	957	2.89	1.358	8.25***	0.000	수도,제주권과충청,호남,영남권의p=0.002,0.000,0.000
	충청권	295	3.18	1.333			
	호남권	296	3.26	1.347			
	영남권	869	3.20	1.401			
	제주권	57	2.84	1.360			
	합 계	2474	3.08	1.377			

*: pr<0.05, **: pr<0.01, ***: pr<0.001 수준에서 통계적으로 유의함

위 표에 의하면, 초등학생들이 자기 수준에 맞게 영어 수업을 받고 있는지에 대해서는 모든 권역별로 부정적인 견해를 보였다. 수업 관찰과 심층 면담을 통해 이에 대해 좀 더 자세히 살펴보면, 시 지역에 살고 있는 한 학생은 선생님께서 수업시간마다 수준별로 나누어 수업을 하시지는 않지만 한 단원에 2시간 정도는 보충과정과 심화과정으로 수업 목표를 나누어 제시한

다고 진술하였다. 예를 들어, 게임시간의 경우에는 보충과정의 친구들에게는 쉽고 간단한 교과서 수준의 게임을 하고, 심화과정의 친구들에게는 교과서에 나와 있지 않는 좀 더 복잡하고 어려운 게임을 하는 것으로 나타났다. 수업 내용에 대해서는, 처음 3월에는 본인의 수준에 적절하다고 생각하였지만, 집에서 영어를 별도로 계속 공부하고 있기 때문에 지금은 학교에서 배우는 수준이 낮다고 생각하였다. 수업 방법은 교과서를 그대로 배울 때가 있었고, 교과서와 다르게 배울 때가 있었다. 교과서와 다르게 배울 때는 교과서에 나와 있지 않은 노래나 게임, 역할놀이를 배웠고, 수준별로 나누어서 수업을 받기도 하였다. 평가는 본인이 영어를 잘하는 편이고, 이에 맞게 수준별로 평가를 받는 것으로 나타났다.

읍 지역에 살고 있는 또 다른 학생은 선생님께서 전체 학생들에게 똑같이 수업 목표를 제시한다고 진술하였다. 수업 내용은 집에서 하는 영어와 학교에서 선생님께서 하시는 영어가 서로 도움이 된다고 진술하였다. 수업 방법은 교과서에 제시된 대로 하는 경우가 많다고 진술하였다. 평가는 평가할 것을 미리 알려주고 연습해서 시험을 보는 것으로 나타났다. 그 시험에 통과가 되지 않으면 남거나 다시 하기도 하고, 더 못하는 친구들은 조금 쉬운 것으로 평가를 받거나 적게 평가를 받는 것으로 나타났다.

면 지역에 살고 있는 또 다른 학생은 선생님께서 수업 목표를 수준별로 나누어서 제시하지 않는다고 진술하였다. 수업 내용은 본인의 수준에 맞지 않아서 어렵다고 생각하였다. 특히 쓰기가 어렵다고 생각하였다. 평가도 또한 본인의 수준에는 맞지 않다고 언급하였다.

광역시 지역에 살고 있는 또 다른 학생도 선생님께서 수업 목표를 수준별로 나누어서 제시하지 않는다고 진술하였다. 하지만 수업 내용은 본인의 수준에 맞게 선생님께서 차근차근 이해시켜 주신다고 진술하였다. 평가는 모든 학생들이 똑같이 받는 것으로 나타났다.

영어 수업이 여러 가지 활동으로 진행되는지에 대해서는 모든 권역별로 보통 이상의 반응을 보였으나, 수도·충청·호남·영남권이 제주권보다 더 긍정적인 반응을 보였다. 하지만 활동 중심의 초등영어 수업에서 학생들이 활동 중심의 수업 여부에 대해 아주 긍정적이기보다는 보통의 견해를 보인 것에 대해 수업 관찰과 심층 면담을 통해 좀 더 자세히 살펴보면 다음과 같다.

시 지역에 살고 있는 한 학생은 듣기와 말하기 수업에서는 주로 활동 중심으로 수업을 하지만 때로는 학생들이 틀리게 하거나 잘 못할 때는 선생님께서 반복해서 따라 듣게 하거나 말하도록 하고, 발음 방법에 대해서도 설명을 자세히 한다고 진술하였다. 문자언어인 읽기와 쓰기는 학급 재량활동 시간에 영어 알파벳을 그림카드를 가지고 배우거나 우리 몸으로 표현을 하는 식으로 활동 중심으로 배운 적이 있다고 언급하였다.

읍 지역에 살고 있는 또 다른 학생은 듣기와 말하기를 처음에는 CD-ROM과 선생님을 듣고 많이 따라서 하고, 그런 다음 개별적이거나 조별로 연습을 한다고 진술하였다. 읽기와 쓰기는 선생님을 따라 읽거나 개별적으로 돌아가면서 읽기를 하고 조별로 읽기를 하고 함께 쓴다고 진술하였다.

면 지역에 살고 있는 또 다른 학생은 듣기와 말하기는 활동 중심으로 수업을 하지만 읽기와 쓰기는 활동 중심으로 하지 않는다고 언급하였다.

광역시 지역에 살고 있는 또 다른 학생은 듣기와 말하기는 짝이나 손든 사람끼리 게임이나 역할극을 통해서 활동 중심으로 하고, 읽기와 쓰기는 게임이나 동영상을 통해 활동 중심으로 한다고 진술하였다.

영어 수업시간에 영어권 문화를 배우는지에 대해서는 호남권이 '보통'의 견해를 보였지만 나머지 권역에서는 부정적인 견해를 보여 차이를 나타냈다. 하지만 전체적으로는 부정적인 견해로 나타났다. 수업 관찰과 심층 면담을 통해 좀 더 자세히 살펴보면, 시 지역에 살고 있는 한 학생은 영어권 문화에 대해서는 인사 예절이나 식사 예절, 미국에서 부르는 호칭 정도를 수업 목표에 제시하고, 우리나라와의 차이를 배운다고 진술하였다.

읍 지역에 살고 있는 또 다른 학생도 시 지역과 마찬가지로 영어를 사용하는 나라의 예의나 몸짓과 우리나라와 다른 점들을 말씀하신다고 언급하였다.

면 지역에 살고 있는 또 다른 학생은 수업시간에 영어권 문화를 배우지 않는다고 언급하였다.

광역시 지역에 살고 있는 또 다른 학생은 수업 목표로 영어권 문화가 제시되지는 않지만 수업 내용에 외국 사람들을 대하는 것 정도의 문화가 포함된다고 언급하였다.

영어 수업시간에 수준에 맞게 수행평가를 받는지에 대해서는 호남·영남권은 '보통'의 견해를, 수도·충청·제주권은 부정적인 견해를 보였지만 전체적으로는 부정적인 견해를 나타냈다. 수업 관찰과 심층 면담을 통해 이를 좀 더 자세히 살펴보면, 시 지역에 살고 있는 한 학생은 본인이 수준에 맞게 평가를 받는다고 생각하고 있었다. 평가는 주로 선생님과의 면접, 자기평가, 동료평가가 주를 이루고, 때때로 평가지를 통하여 평가를 받는다고 진술하였다.

읍 지역에 살고 있는 또 다른 학생은 평가는 교사가 평가할 것을 미리 알려주고 연습해서 시험본다고 진술하였다. 이 평가에서 통과가 안되면 남거나 다시 하기도 하고, 더 못하는 친구들은 적은 양을 가지고 조금 쉽게 평가를 받는다고 진술하였다. 구체적인 평가 방법은 평가지를 나누어 주기도 하고, 교사가 직접 묻고 답한다든지, CD를 듣고 따라하도록 하거나 듣기 평가를 실시하기도 한다고 언급하였다.

면 지역에 살고 있는 또 다른 학생은 본인의 수준에 맞게 평가를 받고 있지 않다고 진술하였고, 평가도 시험을 보는 정도라고 언급하였다.

광역시 지역에 살고 있는 또 다른 학생은 평가를 모든 친구들이 똑같이 받는다고 진술하였고, 한 단원이 끝난 후에 책에 있는 내용을 시험을 본다고 언급하였다.

현재의 영어 교과서만으로 수업을 하는 데 재미가 있는지에 대해서는 모든 권역별로 찬성도, 반대도 하지 않는 중간적인 입장을 보였으나 충청·호남·영남권보다는 수도권과 제주권이 재미를 덜 느끼고 있는 것으로 나타났다.

현재의 영어 교과서만으로 수업을 해도 영어 실력이

향상되었는지에 대해서는 모든 권역별로 부정적인 견해를 보였지만 호남·영남권은 다른 권역들보다 덜 부정적이었다.

현재의 영어 교과서만으로 영어의 듣기와 말하기가 재미있는지에 대해서는 모든 권역별로 찬성도, 반대도 하지 않는 중간적인 입장을 보였지만, 제주권은 약간 부정적인 견해를 보였다.

현재의 영어 교과서로 배워서 영어의 듣기와 말하기 실력이 향상되었는지에 대해서는 수도·충청·제주권은 부정적인 견해를, 호남과 영남권은 부정도, 긍정도 하지 않은 중간적인 입장을 보였고, 수도·충청권과 호남·영남권 및 제주권과 호남권은 유의미한 차이를 보였지만 전체적으로는 부정적인 입장을 보였다.

현재의 영어 교과서로 배워서 영어의 읽기와 쓰기가 재미있는지에 대해서도 수도·충청·제주권은 부정적인 견해를, 호남과 영남권은 부정도, 긍정도 하지 않은 중간적인 입장을 보였고, 수도·충청권과 호남·영남권은 유의미한 차이를 보였지만 전체적으로는 부정적인 입장을 보였다.

현재의 영어 교과서로 배워서 영어의 읽기와 쓰기 실력이 향상되었는지에 대해서도 수도·충청·제주권은 부정적인 견해를, 호남과 영남권은 부정도, 긍정도 하지 않은 중간적인 입장을 보였고, 수도·충청권과 호남·영남권은 유의미한 차이를 보였지만 전체적으로는 부정적인 입장을 보였다.

학교에서 영어를 더 배우고 싶은지에 대해서는 수도·제주권은 부정적인 견해를, 충청·호남·영남권은 부정도, 긍정도 하지 않은 중간적인 입장을 보였지만 전체적으로는 부정적인 입장을 보였다.

학교에서 영어를 배우면 재미있는지에 대해서는 제주권은 부정적인 견해를, 수도·충청·호남·영남권은 부정도, 긍정도 하지 않은 중간적인 입장을 보여 전체적으로는 중간적인 입장을 보였다. 하지만 수도·제주권은 부정적인 측면이, 충청·호남·영남권은 긍정적인 측면이 더 강한 것으로 나타났다.

학원 같은 사교육 기관에서 영어를 더 배우고 싶은지에 대해서는 수도·호남·영남권은 부정적인 견해를, 충청·제주권은 부정도, 긍정도 하지 않은 중간적인 입장을 보였지만 전체적으로는 부정적인 견해를 보였다. 하지만 부정적인 영남권과 부정도, 긍정도 하지 않은 충청권 간에는 유의미한 차이가 있는 것으로 나타났다.

학원 같은 사교육 기관에서 영어를 배우면 재미있는지에 대해서는 수도·제주권은 부정적인 견해를, 충청·호남·영남권은 부정도, 긍정도 하지 않은 중간적인 입장을 보였지만 전체적으로는 부정도, 긍정도 하지 않은 중간적인 견해를 보였고, 권역별 유의미한 차이는 보이지 않았다.

학교에서 영어를 전담과 담임교사 중에서 누가 가르치는지에 대해서는 수도권은 전담교사가 가르친다는 비율이 월등히 높아서 충청·호남·영남·제주권과 유의미한 차이를 보였고, 충청·호남·영남·제주권은 담임교사보다는 전담교사가 가르친다는 비율이 높았지만 수도권만큼 높지는 않았다. 수업 관찰과 심층 면담을 통해 좀 더 자세히 살펴보면, 시 지역에 살고 있는 한 학생은 3학년이라 담임교사로부터 처음 영어를 배웠는데 담임교사가 전담교사보다 더 편하고 재미있어서 담임교사에게 영어를 배우기를 원하였다.

읍 지역에 살고 있는 한 학생은 전담교사가 담임교사보다 영어를 더 잘하는 것 같아 전담교사를 선호하였지만, 면 지역과 광역시에 살고 있는 한 학생은 담임교사가 편하여 담임교사를 선호하였다.

문자언어인 읽기와 쓰기를 현행대로 읽기는 4학년부터, 쓰기는 5학년부터 배우는 것이 좋은지에 대해서는 영남권은 찬성도, 반대도 하지 않는 중간적인 입장을 취했지만, 부정적인 입장을 취한 다른 권역들과 유의미한 차이가 발생하지 않아 전체적으로 부정적인 입장을 나타냈다.

듣기, 말하기, 읽기, 쓰기를 3학년부터 함께 배우는 것이 좋은지에 대해서는 수도권은 부정적인 견해를, 다른 권역들에서는 찬성도, 반대도 하지 않는 중간적인 입장을 취했지만, 부정적인 입장을 취한 수도권과 유의미한 차이가 발생하지 않아 전체적으로 중간적인 입장을 나타냈다. 이를 수업 관찰과 심층 면담을 통해 살펴보면, 모든 권역에서 학생들이 문자언어에 대해서 두려움을 갖고 있는 것으로 나타났다.

앞으로 현재의 교과서보다 문자언어인 읽기와 쓰기를 더 배우고 싶은지에 대해서는 모든 권역별로 찬성도, 반대도 하지 않는 중간적인 입장을 취했다. 이를 심층 면담을 통해 살펴보면, 학생들은 문자언어인 읽기와 쓰기가 어렵지만 언젠가는 배워야 하기 때문에 망설이고 있는 것으로 나타났다.

영어를 3학년부터 배우는 것이 좋은지에 대해서는 제주권은 부정적인 견해를 나타냈고, 다른 권역들은 찬성도, 반대도 하지 않는 중간적인 입장을 취했지만, 부정적인 입장을 취한 제주권과 유의미한 차이가 발생하지 않아 전체적으로 중간적인 입장을 나타냈다. 또한 1학년부터 배우는 것에 대해서는 모든 권역별로 반대의 입장을 보여 영어를 배우는 것에 대해 부담을 갖고 있는 것으로 나타났다.

유치원에서 영어를 배웠는지에 대해서는 모든 권역별로 부정적인 견해를 나타냈다.

1학년과 2학년 중에 학원 및 집에서 영어를 배웠는지에 대해서는 충청권은 부정도, 긍정도 하지 않는 중간적인 입장을 취했지만, 다른 권역들은 부정적인 견해를 나타냈고, 부정도, 긍정도 하지 않는 충청권과 부정적인 수도·영남·제주권은 유의미한 차이를 보였다.

현재 학교에서의 영어 시간이 부족하다고 생각하는지에 대해서는 모든 권역들에서 부족하지 않다고 생각하였고, 특히 수도·제주권이 충청·호남·영남권들보다 더 부족하지 않다고 생각하고 있었으며 통계적으로도 유의미한 차이를 나타냈다.

교과서의 노래, 챈트, 놀이, 역할극 위주의 수업이 재미있는지에 대해서는 충청·호남·영남권은 재미있다고 생각하였지만, 수도·제주권은 부정도, 긍정도 하지 않는 중간적인 입장을 취했으며 통계적으로도 충청·호남·영남권과 유의미한 차이를 보였다. 하지만 전체적으로는 활동 중심의 수업에 대해서 재미있다고 생각하고 있었다. 이를 수업 관찰과 심층 면담을 통해 좀 더 자세히 살펴보면, 학생들은 교과서의 노래, 챈트, 놀이, 역할극 등의 활동 중심의 수업에 대해서 재미있어 하지만 사교육을 통해서 영어 교육을 받아온 학생들은 학교에서 이루어지는 똑같은 방식의 활동 중심 수업에 대해서 약간은 식상해 하기도 하는 것으로 나타났다.

교과서의 노래, 챈트, 놀이, 역할극 위주의 수업이 영어 실력을 향상시켜 주었는지에 대해서는 수도권은 부정적인 입장을, 다른 권역들은 부정도, 긍정도 하지 않는 중간적인 입장을 취했지만 전반적으로 수도·제주권은 부정적인 입장을, 다른 권역들은 중간적인 입장을 취했다.

현재 배우고 있는 단어들보다 더 많은 영어 단어들을 배우고 싶은지에 대해서는 모든 권역별로 부정도, 긍정도 하지 않는 중간적인 입장을 취했지만 충청·호남·영남권은 수도·제주권과 통계적으로 유의미한 차이를 보여 영어 단어들을 더 배우고 싶은 긍정적인 입장을 보였다.

3학년부터 영어를 배운 후, 영어에 더 관심을 갖게 되었는지에 대해서는 수도·제주권은 부정적인 견해를, 충청·호남·영남권은 부정도, 긍정도 하지 않는 중간적인 입장을 취해 수도·제주권과 통계적으로 유의미한 차이를 보였다.

2) 성별에 따른 차이 분석

성별에 따른 평균, 표준편차, t-검정, 자유도, 유의확률을 통한 차이 분석은 다음 [표 4]와 같다.

[표 4] 성별에 따른 평균, 표준편차, t-검정, 자유도, 유의확률

		n	M	SD	t	df	p
수준별 수업	남	1176	2.62	1.427	2.55*	2348	0.01
	여	1174	2.47	1.391			
활동 수업	남	1158	3.70	1.218	-0.41	2312.83	0.68
	여	1169	3.72	1.144			
영어권 문화 수업	남	1150	2.72	1.289	-0.08	2297.32	0.93
	여	1161	2.72	1.212			
수행평가	남	1173	2.90	1.385	-0.47	2341.91	0.64
	여	1175	2.93	1.331			
교과서 수업 흥미	남	1150	3.25	1.441	-1.14	2287.65	0.25
	여	1157	3.32	1.329			
교과서 수업 영어 실력 향상	남	1162	2.75	1.229	-0.69	2315.73	0.49
	여	1162	2.79	1.166			
듣기와 말하기 흥미	남	1169	3.17	1.334	-0.91	2334	0.36
	여	1167	3.21	1.281			
듣기와 말하기 실력 향상	남	1160	2.91	1.204	-0.09	2310.96	0.93
	여	1162	2.91	1.133			
읽기와 쓰기 흥미	남	1139	2.82	1.295	-3.21**	2275.53	0.001
	여	1140	2.99	1.264			

		n	M	SD	t	df	p
읽기와 쓰기 실력 향상	남	1088	2.82	1.290	-0.79	2155.85	0.43
	여	1090	2.86	1.173			
학교에서 영어를 더 배우고 싶음	남	1182	2.83	1.367	-4.40***	2350.73	0.000
	여	1178	3.07	1.289			
학교영어 흥미	남	1178	3.29	1.353	-1.28	2332.09	0.20
	여	1170	3.35	1.244			
사교육 기관 영어 희망	남	1162	2.76	1.460	-5.78***	2322.63	0.000
	여	1167	3.10	1.404			
사교육 기관 영어 흥미	남	1162	2.85	1.432	-5.20***	2324	0.000
	여	1164	3.15	1.373			
전담교사	남	1157	3.64	1.704	-0.06	2324	0.95
	여	1169	3.64	1.726			
담임교사	남	1160	2.16	1.706	-1.34	2323.15	0.18
	여	1166	2.25	1.748			
문자언어 현행 유지	남	1153	2.94	1.379	-1.30	2304.85	0.20
	여	1169	3.02	1.289			
4기능 3학년 시작	남	1149	2.97	1.499	-2.69**	2295.04	0.007
	여	1162	3.13	1.402			
문자언어 더 배우고 싶음	남	1133	3.01	1.378	-5.73***	2297	0.000
	여	1166	3.33	1.265			
3학년 시작 선호	남	1169	3.24	1.488	-0.75	2327.43	0.45
	여	1176	3.28	1.379			
1학년 시작 선호	남	1169	2.34	1.575	-1.26	2332.34	0.21
	여	1174	2.41	1.488			

		n	M	SD	t	df	p
유치원 영어	남	1155	2.20	1.586	−6.17***	2321.15	0.000
	여	1169	2.61	1.636			
1, 2학년 영어 학습	남	1158	2.64	1.707	−5.69***	2316	0.000
	여	1160	3.04	1.702			
학교 영어 시간 부족	남	1160	2.56	1.419	−4.62***	2321.11	0.000
	여	1167	2.83	1.370			
활동 중심 수업 흥미	남	1165	3.88	1.345	−2.65**	2306.11	0.008
	여	1176	4.02	1.204			
활동 중심 수업 영어 실력 향상	남	1165	3.17	1.298	−2.14*	2327.26	0.03
	여	1177	3.28	1.218			
단어 더 배우고 싶음	남	1170	3.58	1.425	−4.32***	2305.15	0.000
	여	1180	3.82	1.253			
3학년부터 수업 후 더 관심	남	1162	3.00	1.420	−3.05**	2339	0.002
	여	1179	3.17	1.322			

*: pr<0.05, **: pr<0.01, ***: pr<0.001 수준에서 통계적으로 유의함

위 표에 의하면, 초등학생들의 수준별 영어 수업에 대해서는 남학생과 여학생 모두 부정적인 견해를 보였지만, 통계적으로 유의미하게 여학생이 더 부정적인 견해를 가지고 있었다.

영어 수업이 여러 가지 활동으로 진행되는지에 대해서는 남학생과 여학생 모두 보통의 견해를 보였다.

영어 수업시간에 영어권 문화를 배우는지에 대해서

는 남학생과 여학생 모두 부정적인 견해를 보였다.

영어 수업시간에 수준에 맞게 수행평가를 받는지에 대해서도 남학생과 여학생 모두 부정적인 견해를 보였다.

현재의 영어 교과서만으로 수업을 하는 데 재미가 있는지에 대해서는 남학생과 여학생 모두 보통의 견해를 보였다.

현재의 영어 교과서만으로 수업을 해도 영어 실력이 향상되었는지에 대해서는 남학생과 여학생 모두 부정적인 견해를 보였다.

현재의 영어 교과서만으로 영어의 듣기와 말하기가 재미있는지에 대해서는 남학생과 여학생 모두 보통의 견해를 보였다.

현재의 영어 교과서로 배워서 영어의 듣기와 말하기 실력이 향상되었는지에 대해서는 남학생과 여학생 모두 부정적인 견해를 보였다.

현재의 영어 교과서로 배워서 영어의 읽기와 쓰기가 재미있는지에 대해서도 남학생과 여학생 모두 부정적인 견해를 보였지만 통계적으로도 유의미하게 남학생이 더 부정적이었다.

현재의 영어 교과서로 배워서 영어의 읽기와 쓰기 실력이 향상되었는지에 대해서도 남학생과 여학생 모두 부정적인 견해를 보였다.

학교에서 영어를 더 배우고 싶은지에 대해서는 남학생은 부정적인 견해를, 여학생은 보통의 견해를 보였고 통계적으로도 유의미한 차이가 나타났다.

학교에서 영어를 배우면 재미있는지에 대해서는 남학생과 여학생 모두 보통의 견해를 보였다.

학원 같은 사교육 기관에서 영어를 더 배우고 싶은지에 대해서는 남학생은 부정적인 견해를, 여학생은 보통의 견해를 보였지만, 남학생과 여학생 사이에는 통계적으로 유의미한 차이가 있어서 여학생이 더 학원에서 영어를 배우기를 원하는 것으로 나타났다.

학원 같은 사교육 기관에서 영어를 배우면 재미있는지에 대해서도 남학생은 부정적인 견해를, 여학생은 보통의 견해를 보였지만, 남학생과 여학생 사이에는 통계적으로 유의미한 차이가 있어서 여학생이 더 학원에서 영어를 배우면 재미있어 하는 것으로 나타났다.

학교에서 영어를 전담과 담임교사 중에서 누가 가르치는지에 대해서는 남학생과 여학생 모두 보통으로 담임교사보다는 전담교사가 가르친다고 생각하고 있었다.

문자언어인 읽기와 쓰기를 현행대로 읽기는 4학년부터, 쓰기는 5학년부터 배우는 것이 좋은지에 대해서는 남학생은 부정적인 견해를, 여학생은 보통의 견해를 나타냈지만 통계적으로 유의미한 차이가 나타나지 않아 보통의 견해를 나타내고 있는 것으로 볼 수 있다.

듣기, 말하기, 읽기, 쓰기를 3학년부터 함께 배우는 것이 좋은지에 대해서는 남학생은 부정적인 견해를, 여학생은 보통의 견해를 보였지만, 남학생과 여학생 사이에는 통계적으로 유의미한 차이가 있어서 여학생이 더 3학년부터 듣기, 말하기, 읽기, 쓰기를 배우는 것이 좋다고 생각하고 있었다.

앞으로 현재의 교과서보다 문자언어인 읽기와 쓰기를 더 배우고 싶은지에 대해서는 남학생과 여학생 모두 보통의 견해를 보였지만, 통계적으로 유의미하게 여학생이 더 문자언어를 배우기를 원하는 것으로 나타났다.

영어를 3학년부터 배우는 것이 좋은지에 대해서는 남학생과 여학생 모두 보통의 견해를 보였고, 1학년부터 배우는 것에 대해서는 남학생과 여학생 모두 부정적인 견해를 보였다.

유치원에서 영어를 배웠는지에 대해서는 남학생과 여학생 모두 부정적인 견해를 보였지만, 통계적으로 유의미하게 남학생이 더 부정적인 견해를 나타냈다.

1학년과 2학년 중에 학원 및 집에서 영어를 배웠는

지에 대해서는 남학생은 부정적인 견해를, 여학생은 보통의 견해를 보였지만, 남학생과 여학생 사이에는 통계적으로 유의미한 차이가 있어서 여학생이 더 1, 2 학년 중에 학원 및 집에서 영어를 배웠다고 생각하고 있었다.

현재 학교에서의 영어 시간이 부족하다고 생각하는지에 대해서는 남학생과 여학생 모두 부족하지 않다고 생각하였지만 통계적으로 유의미하게 남학생이 더 부족하지 않다고 생각하고 있었다.

교과서의 노래, 챈트, 놀이, 역할극 위주의 수업이 재미있는지에 대해서는 남학생은 보통의 견해를, 여학생은 긍정의 견해를 나타냈고, 통계적으로도 유의미한 차이를 보여 여학생이 남학생보다 교과서의 노래, 챈트, 놀이, 역할극 위주의 수업이 재미있다고 생각하고 있었다.

교과서의 노래, 챈트, 놀이, 역할극 위주의 수업이 영어 실력을 향상시켜 주었는지에 대해서는 남학생과 여학생 모두 보통의 견해를 보였지만 통계적으로 유의미하게 여학생이 남학생보다 더 교과서의 노래, 챈트, 놀이, 역할극 위주의 수업이 영어 실력을 향상시켜 주었다고 생각하고 있었다.

현재 배우고 있는 단어들보다 더 많은 영어 단어들을

배우고 싶은지에 대해서도 남학생과 여학생 모두 보통의 견해를 보였지만 통계적으로 유의미하게 여학생이 남학생보다 더 배우기를 원하는 것으로 나타났다.

3학년부터 영어를 배운 후, 영어에 더 관심을 갖게 되었는지에 대해서도 남학생과 여학생 모두 보통의 견해를 보였지만 통계적으로 유의미하게 여학생이 남학생보다 더 관심을 갖게 되었다고 여기고 있었다.

2. 선택형 설문 문항 분석

제7차 초등영어 교육과정에 대한 4문항의 선택형 설문 문항들을 분석한 결과는 다음 [표 5]와 같다.

[표 5] 선택형 설문 문항의 응답 내용 분석

문항	응답 내용(%)
1. 학교 이외의 영어 교육 방법	학원(51.2), 학습지(20.0), 개인지도(8.0), 인터넷(6.5), 그룹지도(6.1), 원어민 회화(5.0), 전화지도(2.0), 어학연수(1.2)
2. 읽기와 쓰기를 배우는 데 어려운 점	실력 차이가 많이 남(37.3), 교과서 내용이 학원에서 가르치는 것보다 쉬움(35.4), 듣기와 말하기보다 재미가 없음(27.3)
3. 학교에서 영어를 배우면 좋은 점	재미있음(40.1), 내 수준에 맞게 배울 수 있음(22.3), 별로 좋은 점이 없음(20.9), 영어 실력 향상(16.7)

문항	응답 내용(%)
4. 사교육 기관에서 영어를 배우면 좋은 점	영어 실력이 많이 향상됨(44.3), 내 수준에 맞게 배울 수 있음(32.3), 별로 좋은 점이 없음(14.8), 재미있음(8.6)

위 표에 의하면, 초등학교 학생들의 학교 이외의 영어 교육 방법은 학원이 가장 많은 비중을 차지하였고, 그 다음으로 학습지, 개인지도, 인터넷, 그룹지도, 원어민 회화, 전화지도, 어학연수 순으로 나타났다. 초등학생들은 학교 이외의 영어 교육을 많은 학생들이 학원과 학습지를 통해 하는 것으로 나타났다.

읽기와 쓰기를 배우는 데 어려운 점으로는 학생들 간에 실력 차이가 많이 난다는 의견이 가장 많았고, 그 다음으로 교과서 내용이 학원에서 가르치는 것보다 쉽다는 의견과 읽기와 쓰기가 듣기와 말하기보다 재미가 없다는 의견 순이었다.

학교에서 영어를 배우면 좋은 점은 재미있다는 의견이 가장 많았고, 그 다음으로 자기 수준에 맞게 배울 수 있다는 의견, 별로 좋은 점이 없다는 의견, 영어 실력이 향상되었다는 의견 순이었다. 초등학생들이 학교에서의 활동 중심의 초등영어 수업이 재미있고, 자기 수준에 맞게 배울 수 있다고 생각하고 있지만, 한편으로는 별로 좋은 점이 없다는 의견도 적지 않아서 올바른 초등영어 수업을 위해서는 대책이 요구된다고 할 수 있다.

사교육 기관에서 영어를 배우면 좋은 점으로는 영어 실력이 많이 향상된다는 의견이 가장 많았고, 그 다음으로 내 수준에 맞게 배울 수 있다는 의견, 별로 좋은 점이 없다는 의견, 재미있다는 의견 순이었다. 초등학생들이 학교 영어 교육보다 사교육 기관에서의 영어 교육이 실력을 많이 향상시켜 주고 수준에 맞게 배울 수 있다고 생각하는 것은 공교육인 학교 영어 교육에 시사하는 바가 크다고 여겨진다.

제4장 결론 및 제언

지금까지 초등학교 학생들을 대상으로 제7차 초등 영어 교육과정에 대해서 5점 척도 설문 문항들과 선택형 설문 문항들을 통한 분석과 중간 참여 수업 관찰과 반구조화된 심층 면담을 통한 분석을 시도하였다. 이를 통하여 나타난 결과는 다음과 같다.

초등학생들이 자기 수준별로 영어 수업을 받고 있는지에 대해서는 모든 권역별, 성별로 부정적인 견해를 나타냈다. 특히 읍·면 지역보다는 시와 광역시에서는 어느 정도 수준별 수업을 실시하려는 노력이 엿보이고 있었지만 부족하였다.

영어 수업이 여러 가지 활동으로 진행되는지에 대해서는 모든 권역별로 보통 이상의 반응을 보였으나, 수도·충청·호남·영남권이 제주권보다 더 긍정적인 반응을 보였고, 모든 학년별로는 보통이지만 긍정하는 정도의 반응을 보였다. 남학생과 여학생도 모두 보통의 견해를 보였다.

영어 수업시간에 영어권 문화를 배우는지에 대해서는 호남권이 '보통'의 견해를 보였지만 나머지 권역에서는 부정적인 견해를 보여 차이를 나타냈다. 하지만 전체적으로는 부정적인 견해를 나타냈고, 남학생과 여학생도 모두 부정적인 견해를 나타냈다. 이를 좀 더 살펴보면, 영어권 문화에 대해서는 인사 예절이나 식사 예절, 미국에서 부르는 호칭 정도를 수업 목표에 제시하고, 우리나라와의 차이를 배우거나 영어를 사용하는 나라의 예의나 몸짓과 우리나라와의 다른 점들을 배우는 경우도 있었고, 영어권 문화를 배우지 않는 경우도 있었다. 또한 수업 목표로 영어권 문화가 제시되지는 않지만 수업 내용에 외국 사람들을 대하는 것 정도의 문화를 배운다고 언급하였다.

영어 수업시간에 수준에 맞게 수행평가를 받는지에 대해서는 호남·영남권은 '보통'의 견해를, 수도·충청·제주권은 부정적인 견해를 보였지만 전체적으로는 부정적인 견해를 보였고, 아울러 남학생과 여학생도 모두 부정적인 견해를 보였다.

이를 좀 더 자세히 살펴보면, 본인이 수준에 맞게 평가를 받는다고 생각하고 있는 학생도 있었는데, 이 경우 평가는 주로 선생님과의 면접, 자기평가, 동료평가가 주를 이루고, 때때로 평가지를 통하여 평가를 받는다고 언급하였다. 또 다른 경우는 교사가 평가할 것을 미리 알려주고 연습해서 시험을 본다고 진술하였다. 이 평가에서 통과가 안 되면 남거나 다시 하기도 하고, 더 못하는 친구들은 적은 양을 가지고 조금 쉽게 평가를 받는다고 진술하였다. 구체적인 평가 방법은 평가지를 나누어 주기도 하고, 교사가 직접 묻고 답한다든지, CD를 듣고 따라하도록 하거나 듣기 평가를 실시하기도 한다고 언급하였다. 또 다른 경우는 본인의 수준에 맞게 평가를 받고 있지 않다고 진술하였고, 평가도 시험을 보는 정도라고 언급하였다. 또 다른 경우는 평가를 모든 친구들이 똑같이 받는다고 진술하였고, 한 단원이 끝난 후에 책에 있는 내용을 시험을 본다고 언급하였다.

현재의 영어 교과서만으로 수업을 하는 데 재미가 있는지에 대해서는 모든 권역별로 찬성도, 반대도 하지 않는 중간적인 입장을 보였으나 충청·호남·영남권보다는 수도권과 제주권이 재미를 덜 느끼고 있는 것으로 나타났으며, 아울러 남학생과 여학생도 모두 보통의 견해를 나타냈다.

현재의 영어 교과서만으로 수업을 해도 영어 실력이 향상되었는지에 대해서는 모든 권역별로 부정적인 견해를 보였지만 호남·영남권은 다른 권역들보다 덜 부정적이었다.

현재의 영어 교과서만으로 영어의 듣기와 말하기가 재미있는지에 대해서는 모든 권역별로 찬성도, 반대도 하지 않는 중간적인 입장을 보였지만, 제주권은 약간 부정적인 견해를 보였다.

현재의 영어 교과서로 배워서 영어의 듣기와 말하기 실력이 향상되었는지에 대해서는 수도·충청·제주권은 부정적인 견해를, 호남과 영남권은 부정도, 긍정도 하지 않은 중간적인 입장을 보였고, 수도·충청권과 호남·영남권 및 제주권과 호남권은 유의미한 차이를 보였지만 전체적으로는 부정적인 입장을 보였다.

현재의 영어 교과서로 배워서 영어의 읽기와 쓰기가 재미있는지에 대해서도 수도·충청·제주권은 부정적인 견해를, 호남과 영남권은 부정도, 긍정도 하지 않은 중간적인 입장을 보였고, 수도·충청권과 호남·영남권은 유의미한 차이를 보였지만 전체적으로는 부정적인 입장을 보였다. 남학생과 여학생도 모두 부정적인 견해를 보였지만 통계적으로도 유의미하게 남학생이 더 부정적이었다.

현재의 영어 교과서로 배워서 영어의 읽기와 쓰기 실력이 향상되었는지에 대해서도 수도·충청·제주권은 부정적인 견해를, 호남과 영남권은 부정도, 긍정도 하지 않은 중간적인 입장을 보였고, 수도·충청권과 호남·영남권은 유의미한 차이를 보였지만 전체적으로는 부정적인 입장을 보였다. 남학생과 여학생도 모두 부정적인 견해를 보였다.

학교에서 영어를 더 배우고 싶은지에 대해서는 수도·제주권은 부정적인 견해를, 충청·호남·영남권은 부정도, 긍정도 하지 않은 중간적인 입장을 보였지만 전체적으로는 부정적인 입장을 보였다. 성별로는 남학생은 부정적인 견해를, 여학생은 보통의 견해를 보였고 통계적으로도 유의미한 차이가 나타났다.

학교에서 영어를 배우면 재미있는지에 대해서는 제주권은 부정적인 견해를, 수도·충청·호남·영남권은 부정도, 긍정도 하지 않은 중간적인 입장을 보여 전체적으로는 중간적인 입장을 보였다. 하지만 수도·제주권은 부정적인 측면이, 충청·호남·영남권은 긍정적인 측면이 더 강한 것으로 나타났다. 남학생과 여학생도 모두 보통의 견해를 보였다.

학원 같은 사교육 기관에서 영어를 더 배우고 싶은

지에 대해서는 수도·호남·영남권은 부정적인 견해를, 충청·제주권은 부정도, 긍정도 하지 않은 중간적인 입장을 보였지만 전체적으로는 부정적인 견해를 보였다. 하지만 부정적인 영남권과 부정도, 긍정도 하지 않은 충청권 간에는 유의미한 차이가 있는 것으로 나타났다. 아울러 남학생은 부정적인 견해를, 여학생은 보통의 견해를 보였지만, 남학생과 여학생 사이에는 통계적으로 유의미한 차이가 있어서 여학생이 더 학원에서 영어를 배우기를 원하는 것으로 나타났다.

학원 같은 사교육 기관에서 영어를 배우면 재미있는지에 대해서는 수도·제주권은 부정적인 견해를, 충청·호남·영남권은 부정도, 긍정도 하지 않은 중간적인 입장을 보였지만 전체적으로는 부정도, 긍정도 하지 않은 중간적인 견해를 보였고, 권역별 유의미한 차이는 보이지 않았다. 성별로는 남학생은 부정적인 견해를, 여학생은 보통의 견해를 보였지만, 남학생과 여학생 사이에는 통계적으로 유의미한 차이가 있어서 여학생이 더 학원에서 영어를 배우면 재미있어 하는 것으로 나타났다.

학교에서 영어를 전담과 담임교사 중에서 누가 가르치는지에 대해서는 수도권은 전담교사가 가르친다는 비율이 월등히 높아서 충청·호남·영남·제주권과 유의미한 차이를 보였고, 충청·호남·영남·제주권은 담임교사보다는 전담교사가 가르친다는 비율이 높았지만 수도권만큼 높지는 않았다. 학년별로도 담임교사보다는 전담교사가 가르친다는 비율이 높았다. 남학생과 여학생도 모두 보통으로 담임교사보다는 전담교사가 가르친다고 생각하고 있었다.

문자언어인 읽기와 쓰기를 현행대로 읽기는 4학년부터, 쓰기는 5학년부터 배우는 것이 좋은지에 대해서는 영남권은 찬성도, 반대도 하지 않는 중간적인 입장을 취했지만, 부정적인 입장을 취한 다른 권역들과 유의미한 차이가 발생하지 않아 전체적으로 부정적인 입장을 나타냈다. 아울러 성별로는 남학생은 부정적인 견해를, 여학생은 보통의 견해를 나타냈지만 통계적으로 유의미한 차이가 나타나지 않아 보통의 견해를 나타내고 있는 것으로 볼 수 있다.

듣기, 말하기, 읽기, 쓰기를 3학년부터 함께 배우는 것이 좋은지에 대해서는 수도권은 부정적인 견해를, 다른 권역들에서는 찬성도, 반대도 하지 않는 중간적인 입장을 취했지만, 부정적인 입장을 취한 수도권과 유의미한 차이가 발생하지 않아 전체적으로 중간적인 입장을 나타냈고 남학생은 부정적인 견해를, 여학생은 보통의 견해를 보였지만, 남학생과 여학생 사이에는 통계적으로 유의미한 차이가 있어서 여학생이 더 3학년부터 듣기, 말하기, 읽기, 쓰기를 배우는 것이 좋다고 생각하고 있었다. 전반적으로 모든 권역에서 학생들은 문자언어에 대해서 두려움을 갖고 있는 것으로 나타났다.

앞으로 현재의 교과서보다 문자언어인 읽기와 쓰기를 더 배우고 싶은지에 대해서는 모든 권역별로 찬성도, 반대도 하지 않는 중간적인 입장을 취했고, 남학생과 여학생은 모두 보통의 견해를 보였지만, 통계적으로 유의미하게 여학생이 더 문자언어를 배우기를 원하는 것으로 나타났다.

영어를 3학년부터 배우는 것이 좋은지에 대해서는 제주권은 부정적인 견해를 나타냈고, 다른 권역들은 찬성도, 반대도 하지 않는 중간적인 입장을 취했지만, 부정적인 입장을 취한 제주권과 유의미한 차이가 발생하지 않아 전체적으로 중간적인 입장을 나타냈다. 또한 1학년부터 배우는 것에 대해서는 모든 권역별로 반대의 입장을 보여 영어를 배우는 것에 대해 부담을 갖고 있는 것으로 나타났다. 남학생과 여학생도 모두 보통의 견해를 보였고, 1학년부터 배우는 것에 대해서도 남학생과 여학생 모두 부정적인 견해를 보였다.

유치원에서 영어를 배웠는지에 대해서는 모든 권역별로 부정적인 견해를 나타냈고, 성별로는 남학생과 여학생 모두 부정적인 견해를 보였지만, 통계적으로 유의미하게 남학생이 더 부정적인 견해를 나타냈다.

1학년과 2학년 중에 학원 및 집에서 영어를 배웠는지에 대해서는 충청권은 부정도, 긍정도 하지 않는 중간적인 입장을 취했지만, 다른 권역들은 부정적인 견해를 나타냈고, 부정도, 긍정도 하지 않는 충청권과 부정적인 수도·영남·제주권은 유의미한 차이를 보였고, 성별로는 남학생은 부정적인 견해를, 여학생은 보통의 견해를 보였지만, 남학생과 여학생 사이에는 통계적으로 유의미한 차이가 있어서 여학생이 더 1, 2학년 중에 학원 및 집에서 영어를 배웠다고 생각하고 있었다.

현재 학교에서의 영어 시간이 부족하다고 생각하는지에 대해서는 모든 권역들에서 부족하지 않다고 생각하였고, 특히 수도·제주권이 충청·호남·영남권들보다 더 부족하지 않다고 생각하고 있었으며 통계적으로도 유의미한 차이를 나타냈고, 남학생과 여학생도 모두 부족하지 않다고 생각하였지만 통계적으로 유의미하게 남학생이 더 부족하지 않다고 생각하고 있었다.

교과서의 노래, 챈트, 놀이, 역할극 위주의 수업이 재미있는지에 대해서는 충청·호남·영남권은 재미있다고 생각하였지만, 수도·제주권은 부정도, 긍정도 하지 않는 중간적인 입장을 취했으며 통계적으로도 충청·호남·영남권과 유의미한 차이를 보였다. 하지만 전체적으로는 활동 중심의 수업에 대해서 재미있다고 생각하고 있었다. 성별로는 남학생은 보통의 견해를, 여학생은 긍정의 견해를 나타냈고, 통계적으로도 유의미한 차이를 보여 여학생이 남학생보다 교과서의 노래, 챈트, 놀이, 역할극 위주의 수업이 재미있다고 생각하고 있었다.

교과서의 노래, 챈트, 놀이, 역할극 위주의 수업이 영어 실력을 향상시켜 주었는지에 대해서는 수도권은 부정적인 입장을, 다른 권역들은 부정도, 긍정도 하지 않는 중간적인 입장을 취했지만 전반적으로 수도·제주권은 부정적인 입장을, 다른 권역들은 중간적인 입장을 취했고, 남학생과 여학생도 모두 보통의 견해를 보였지만 통계적으로 유의미하게 여학생이 남학생보다 더 교과서의 노래, 챈트, 놀이, 역할극 위주의 수업이 영어 실력을 향상시켜 주었다고 생각하고 있었다.

현재 배우고 있는 단어들보다 더 많은 영어 단어들을 배우고 싶은지에 대해서는 모든 권역별로 부정도, 긍정도 하지 않는 중간적인 입장을 취했지만 충청·호남·영남권은 수도·제주권과 통계적으로 유의미한 차이를 보여 영어 단어들을 더 배우고 싶은 긍정적인 입장을 보였고, 남학생과 여학생도 모두 보통의 견해를 보였지만 통계적으로 유의미하게 여학생이 남학생보다 더 배우기를 원하는 것으로 나타났다.

3학년부터 영어를 배운 후, 영어에 더 관심을 갖게 되었는지에 대해서는 수도·제주권은 부정적인 견해를, 충청·호남·영남권은 부정도, 긍정도 하지 않는 중간적인 입장을 취해 수도·제주권과 통계적으로 유의미한 차이를 보였고, 성별로는 남학생과 여학생 모두 보통의 견해를 보였지만 통계적으로 유의미하게 여학생이 남학생보다 더 관심을 갖게 되었다고 여기고 있었다.

이 밖에 선택형 설문 문항들의 분석에서는, 초등학교 학생들의 학교 이외의 영어 교육 방법으로는 학원, 학습지, 개인지도, 인터넷, 그룹지도, 원어민 회화, 전화지도, 어학연수 순으로 나타났으며, 읽기와 쓰기를 배우는 데 어려운 점으로는 학생들 간에 실력 차이가 많이 난다는 의견이 가장 많았다. 그리고 학교에서 영어를 배우면 좋은 점은 재미있다는 의견이 가장 많았으며, 사교육 기관에서 영어를 배우면 좋은 점으로는 영어 실력이 많이 향상된다는 의견이 가장 많았다.

이상을 토대로 다음과 같은 제언을 하고자 한다.

첫째, 학교 현장에서 초등학생들이 자기 수준에 맞는 영어 교육을 받을 수 있도록 수준에 맞는 다양한 학습 자료들이 개발되고, 아울러 교사들을 중심으로 한 수준별 수업 연수 등 제반 여건이 마련되어야 할 것으로 여겨진다.

둘째, 문자언어인 읽기와 쓰기에 대해서도 다양한 활동 중심 자료들이 개발되어야 할 것으로 여겨진다. 음성언어인 듣기와 말하기뿐만 아니라 문자언어인 읽기와 쓰기도 재미있게 배울 수 있도록 활동 중심 자료들이 더 개발되어야 할 것으로 여겨진다.

셋째, 초등영어 교육에 우리나라를 비롯한 다양한 국가들의 문화가 포함되어야 할 것으로 여겨진다. 초등학생들에게 자기나라의 문화를 세계에 소개시키는 방향으로 영어 교육이 이루어져야 할 것으로 여겨진다.

넷째, 수행평가가 학생들의 수준에 맞추어 이루어질 수 있도록 교과서에 어느 정도는 제시되어야 할 것으로 여겨진다.

다섯째, 앞으로의 교과서는 초등학생들의 흥미뿐만 아니라 실력도 향상시켜 주는 방향으로 나아가야 할 것으로 여겨진다.

여섯째, 초등학생들의 특성상 담임교사가 영어를 가르칠 수 있도록 분위기를 이끌어 가도록 하여야겠다. 초등학생들이 전담교사보다는 담임교사를 더 편하게 생각하고 있으므로 담임교사가 영어를 가르칠 수 있는 분위기를 조성하는 것이 바람직할 것으로 여겨진다.

일곱째, 앞으로의 교과서는 초등학생들의 문자언어 교육을 위하여 보다 재미있는 활동 중심의 자료들을 갖추어야 할 것으로 여겨진다.

여덟째 초등학생들에게 영어가 부담이 되지 않고 즐거움을 갖고 배울 수 있도록 사회적 여건이 조성되어야 하겠다.

제 2 부

학생의 학년과 사교육 경험 중심으로

제1장 연구의 필요성 및 목적

공교육 현장에서 영어를 배우고 있는 초등학교 학생들은 현 영어 교육과정에 대하여 어떻게 생각하고 있는 것일까? 참으로 궁금한 사항이다. 앞으로의 올바른 영어 교육을 위해서는 현 교육과정에 대한 교사들의 의견도 중요하지만, 그에 못지않게 교육의 수혜자인 초등학생들의 의견을 알아보는 것은 대단히 중요하다고 생각한다. 교육을 받고 있는 초등학생들의 마음 하나하나를 헤아려보는 것이 앞으로의 올바른 초등영어 교육과정을 설정하는데 시금석이 될 것이기 때문이다.

지금까지 초등영어 교육과정에 대해서 많은 연구가 이루어져 왔고, 아울러 교사들을 중심으로 한 연구들이 많이 이루어져 왔다. 예를 들면, 초등영어 문화 교육(노현수, 2001; 박옥희, 2004; 박유신, 2001; 이영희, 2002)과 어휘

분석(김소영, 2001; 박정애, 2001; 이찬현, 2001)이라든지, 초등영어 CD-ROM 활용(김송희, 2002; 김장규·윤지여, 2002; 성춘자, 2001; 안현모, 2001; 임춘희, 2004)과 교과서 분석(김영숙, 2002; 김진철, 2003; 박영예, 2003; 오연화, 2001; 이성뢰, 2002; 이효은, 2001; 장은영, 2002)이 있었으며, 더 나아가 초등학교 영어 교육 목표의 개선 방향(이완기, 2004)과 설정의 과제(오준일, 2004), 초등학교 영어 교육 내용 구성의 개선 방향(이완기, 2004)과 적정성(이의갑, 2004) 등이 있었다. 아울러 교사들을 중심으로 한 제7차 초등영어 교육과정 전반에 관한 연구들(김영철, 2004; 최진황·이윤, 2004)도 있었다. 하지만 초등학생들을 대상으로 한 연구는 초등영어 학습자의 요구를 파악하려는 연구(김해동, 2005) 정도가 있었을 뿐이었다.

따라서 본 연구에서는 초등학생들을 대상으로 제7차 초등영어 교육과정에 대한 설문 조사와 심층 면담을 중심으로 현 교육과정에 대해서 심도 있게 살펴보고자 하였다. 특히, 현재 초등영어 교육을 받고 있는 3, 4, 5, 6학년별로 현 교육과정에 대해서 어떻게 생각하고 있는지를 설문 조사와 심층 면담, 수업 관찰을 중심으로 살펴보았으며, 아울러 사교육을 받는 학생들과 받지 않는 학생들이 현 교육과정을 어떻게 생각하고 있는지를 심층적으로 살펴보고자 하였다.

제2장 연구 방법

본 연구는 제7차 초등영어 교육과정에 대한 초등학생들의 생각을 심도 있게 알아보기 위하여 양적 연구quantitative study와 함께 질적 연구qualitative study를 병행하여 사용하였다.

1. 연구 대상

1) 양적 연구

양적 연구의 대상은 확률표집probability sampling인 단순무작위표집법simple random sampling을 이용하여 권역별로 수도권 960명, 충청권 300명, 호남권 300명, 영남권 870명, 제주권 60명을 표집한 초등학교 학생 2490명이었다.

2) 질적 연구

질적 연구의 대상은 비확률표집non-probability sampling인 유의표집법purposive sampling을 이용하여 권역별로 8명을 표집하였다.

2. 연구 절차

이 연구 절차를 그림으로 나타내면 다음 [그림 1]과 같다.

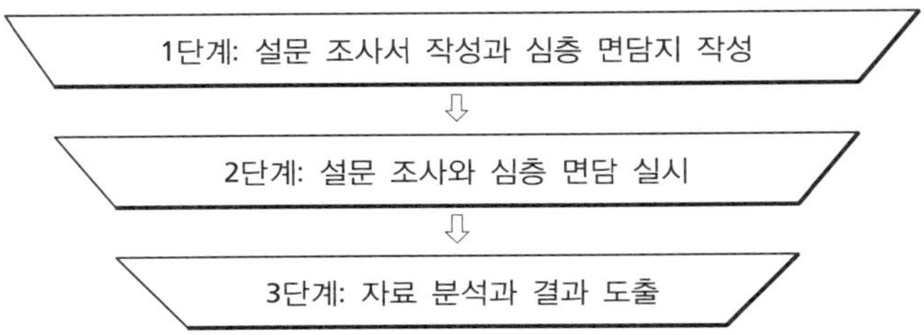

[그림 1] 연구 절차

3. 연구 구성 및 분석의 틀

양적 연구 구성 및 분석의 전체적인 틀은 전문가의 상의를 거쳐 제7차 초등영어 교육과정의 교육 목표, 교육 내용, 교수·학습 방법, 평가에 맞는 현장과 관련한 구체적인 설문 문항들로 작성하였다.

질적 연구 구성 및 분석의 전체적인 틀은 제7차 교육과정의 주요 골자인 '교육과정의 재구성', '학습자 중심 교육', '다양화와 특성화'의 측면에서 학생들이 어떻게 생각하고 있는지를 심층적으로 살펴보았다.

4. 조사 도구

1) 양적 연구

이 연구에서 사용한 양적 연구의 조사 도구는 설문조사서였다. 수업 목표, 수업 내용, 수업 방법, 수업 평가와 관련하여 설문 조사서를 구성하였다. 그 구체적인 내용은 다음 [표 1]과 같다.

[표 1] 설문 조사서의 구성 내용

구성 지표	구성 내용	문항 수
개인적 특성	학년, 사교육 경험 유무	2문항
5점 척도 설문 문항	수업 목표, 수업 내용, 수업 방법, 수업 평가	28문항
총		30문항

2) 질적 연구

이 연구에서는 질적 연구의 도구로서 심층 면담지가 사용되었다. 심층 면담지는 반구조화된semi-structured 면담지를 이용하였다.

이 연구에서 사용된 반구조화된 심층 면담지는 내용의 타당도를 확보하기 위해 전문가의 검토를 거쳐 완성하였다. 본 연구에 사용한 심층 면담지의 구성 내용은 다음 [표 2]와 같다.

[표 2] 심층 면담지의 구성 내용

구성 지표	구성 내용	문항 수
개인적 특성	학년, 사교육 경험 유무	2문항
수업 목표	교육과정의 재구성에 따른 수업 목표, 학습자 중심의 수준별 수업 목표, 그 지역의 특성 및 학습자들의 다양화에 초점을 맞춘 수업 목표	5문항

구성 지표	구성 내용	문항 수
수업 내용	타교과목을 활용한 통합 영어 교육, ESL 자료를 이용한 읽기와 쓰기 보충 및 심화 문자교육 등 교육과정의 재구성에 따른 수업 내용, 수준차를 고려한 학습자 중심의 수업 내용, 그 지역의 특성을 고려한 다양하고 특성이 있는 수업 내용	9문항
수업 방법	교육과정의 재구성에 맞춘 다양한 교수·학습 방법, 학습자들의 수준을 고려한 수업 방법, 지역의 특성과 학습자들의 다양화에 따른 수업 방법	10문항
평가	교육과정의 재구성에 따른 평가 도구 및 방법과 종류, 학습자들의 수준을 고려한 평가, 그 지역 및 학생의 특성을 고려한 평가	7문항
총		33문항

3) 조사 도구의 신뢰도와 내용 타당도

5점 척도 설문 문항들의 신뢰도는 Cronbach α .88로 높게 나타났으며, 요인 분석factor analysis 통한 타당도도 전체적으로 양호하였다.

4) 연구 참여자들의 윤리성 확보 문제

본 연구의 질적 연구에 참여한 8명의 학생들의 윤리성을 확보하기 위하여 연구자는 학생들에게 계속하여 현장에 관한 사실들을 말해 줄 것을 강조하였으며, 이

논문에서는 연구 참여자들의 이름을 가명으로 사용하였다.

5. 조사 절차

본 연구의 자료 수집은 인터넷이나 우편을 이용한 설문지들과 수업 관찰 및 심층 면담을 통하여 수집하였다. 구체적인 조사 절차는 다음과 같다.

1) 양적 연구

본 연구의 설문 조사서는 2009년 1학기 때 완료하였다. 전문가와 상의하여 설문 조사서를 보강하였고, 9, 10, 11, 12월 네 달에 걸쳐 전국적으로 실시하였다.

2) 질적 연구

제7차 초등영어 교육과정의 현황에 대해서 보다 객관적이고 타당성 있는 고찰을 하기 위하여 설문 조사를 통한 양적 연구 외에 심층 면담과 수업 관찰을 이용하였다.

(1) 심층 면담법

심층 면담은 반구조화된 면담 형태로 이루어졌으며, 면담지 내용의 타당성을 검증하기 위하여 두 차례의 사전 예비 검사를 거친 다음 실시하였다.

(2) 수업 관찰

8명 면담자들의 각각의 학교를 방문하여 수업 관찰을 실시하였다.

6. 자료 처리 방법

1) 양적 연구

본 연구의 양적 연구인 설문 분석은 SPSS version 10.0을 이용하여 일원분산분석one-way ANOVA과 t-검정을 실시하였다.

2) 질적 연구

이 연구에서는 양적 연구의 보조 수단으로 질적연구인 삼각검증법triangulation을 이용하고자 하였다. 하지만 초등학생들에게 관련 자료의 분석을 통한 연구가 어렵기 때문에 심층 면담과 참여관찰을 통한 질적 연구를 실시하였다.

제3장 연구 결과 및 논의

5점 척도 설문 문항들의 결과 분석 및 논의를 위하여 SPSS version 10.0을 이용하여 통계처리를 하였다. 28문항의 5점 척도 설문 문항들에 대한 분석과 수업 관찰을 통한 반구조화된 심층 면담에 대한 분석은 다음과 같다.

1. 5점 척도 설문 문항에 대한 양적 및 질적 분석

2) 학년별 차이 분석

학년별 평균, 표준편차, F-검정, 유의확률, 사후검정

p값을 통한 차이 분석은 다음 [표 3]과 같다.

[표 3] 학년별 평균, 표준편차, F값 및 사후검정

		n	M	SD	F	p	post-hoc test(p값)
수준별 수업	3	588	2.61	1.465	0.89	0.45	
	4	642	2.56	1.420			
	5	605	2.57	1.479			
	6	641	2.48	1.300			
	합계	2476	2.55	1.416			
활동 수업	3	576	3.73	1.291	2.44	0.06	
	4	631	3.66	1.227			
	5	605	3.79	1.141			
	6	641	3.62	1.099			
	합계	2453	3.70	1.191			
영어권 문화 수업	3	573	2.74	1.353	1.49	0.22	
	4	631	2.65	1.249			
	5	592	2.79	1.221			
	6	638	2.75	1.196			
	합계	2434	2.73	1.254			
수행 평가	3	586	3.05	1.425	3.89**	0.009	3과6의p=0.001
	4	642	2.92	1.410			
	5	601	2.92	1.317			
	6	645	2.79	1.265			
	합계	2474	2.92	1.357			

		n	M	SD	F	p	post-hoc test(p값)
교과서 수업흥미	3	573	3.60	1.431			3과4,5,6의p=0.000,0.000,0.000;4와6의p=0.000;5와6의p=0.004
	4	633	3.30	1.386			
	5	590	3.24	1.362	19.22***	0.000	
	6	636	3.01	1.317			
	합계	2432	3.28	1.389			
교과서 수업 영어 실력 향상	3	579	2.97	1.297			3과5,6의p=0.000,0.000;4와6의p=0.001
	4	628	2.84	1.184			
	5	604	2.71	1.179	10.42***	0.000	
	6	639	2.61	1.126			
	합계	2450	2.78	1.203			
듣기와 말하기 흥미	3	577	3.55	1.370			3과4,5,6의p=0.000,0.000,0.000;4와5,6의p=0.04,0.000;5와6의p=0.001
	4	636	3.26	1.328	29.34***	0.000	
	5	608	3.11	1.267			
	6	642	2.87	1.200			
	합계	2463	3.19	1.313			
듣기와 말하기 실력 향상	3	579	3.10	1.256			3과4,5,6의p=0.005,0.001,0.000;4와6의p=0.03
	4	628	2.91	1.170			
	5	600	2.88	1.086	8.46***	0.000	
	6	638	2.77	1.136			
	합계	2445	2.91	1.168			
읽기와 쓰기 흥미	3	517	3.06	1.368			3과6의p=0.000;4와6의p=0.000,0.000;5와6의p=0.003
	4	635	2.99	1.301			
	5	609	2.91	1.248	9.03***	0.000	
	6	645	2.70	1.187			
	합계	2406	2.91	1.279			

		n	M	SD	F	p	post-hoc test(p값)
읽기와 쓰기 실력 향상	3	442	2.86	1.271	1.90	0.13	
	4	621	2.88	1.228			
	5	600	2.90	1.260			
	6	638	2.75	1.172			
	합계	2301	2.84	1.230			
학교에서 영어를 더 배우고 싶음	3	591	3.14	1.510	12.23***	0.000	3과5,6의p=0.001,0.000;4와6의p=0.000;5와6의p=0.02
	4	644	3.04	1.374			
	5	605	2.89	1.227			
	6	646	2.71	1.203			
	합계	2486	2.94	1.341			
학교영어 흥미	3	586	3.61	1.416	22.82***	0.000	3과4,5,6의p=0.002,0.000,0.000;4와5,6의p=0.03,0.000;5와6의p=0.008
	4	639	3.38	1.281			
	5	602	3.22	1.253			
	6	646	3.03	1.209			
	합계	2473	3.31	1.307			
사교육 기관 영어 희망	3	575	2.87	1.535	0.54	0.66	
	4	634	2.98	1.452			
	5	601	2.92	1.400			
	6	644	2.92	1.380			
	합계	2454	2.92	1.441			
사교육 기관 영어 흥미	3	575	2.93	1.519	0.74	0.53	
	4	635	2.99	1.422			
	5	599	3.05	1.357			
	6	643	3.01	1.350			
	합계	2452	3.00	1.411			

		n	M	SD	F	p	post-hoc test(p값)
전담교사	3	585	3.52	1.796			3과5의p=0.000;4와5의p=0.001;5와6의p=0.001
	4	639	3.57	1.695			
	5	593	3.89	1.605	6.22***	0.000	
	6	633	3.55	1.733			
	합계	2450	3.63	1.714			
담임교사	3	578	2.28	1.810			3과5의p=0.000;4와5의p=0.000;5와6의p=0.000
	4	640	2.26	1.743			
	5	601	1.90	1.540	9.25***	0.000	
	6	631	2.39	1.773			
	합계	2450	2.21	1.729			
문자언어 현행 유지	3	576	2.87	1.439			
	4	636	3.03	1.411			
	5	597	2.98	1.262	1.58	0.19	
	6	638	2.99	1.243			
	합계	2447	2.97	1.341			
4기능 3학년 시작	3	577	3.36	1.586			3과4,5,6의p=0.000,0.000,0.000
	4	624	3.01	1.441			
	5	596	2.87	1.410	11.92***	0.000	
	6	637	3.02	1.363			
	합계	2434	3.06	1.459			
문자언어 더 배우고 싶음	3	574	3.14	1.413			
	4	622	3.13	1.373			
	5	587	3.18	1.304	0.44	0.72	
	6	637	3.20	1.229			
	합계	2420	3.16	1.329			

		n	M	SD	F	p	post-hoc test(p값)
3학년 시작 선호	3	585	3.65	1.504	21.03***	0.000	3과4,5,6의p=0.000,0.000,0.000
	4	637	3.15	1.411			
	5	603	3.14	1.398			
	6	645	3.08	1.374			
	합계	2470	3.25	1.438			
1학년 시작 선호	3	585	2.33	1.570	0.91	0.44	
	4	637	2.46	1.546			
	5	605	2.35	1.522			
	6	642	2.42	1.528			
	합계	2469	2.39	1.541			
유치원 영어	3	581	2.64	1.746	8.95***	0.000	3과5,6의p=0.000,0.000;4와5,6의p=0.03,0.003
	4	631	2.48	1.655			
	5	596	2.28	1.578			
	6	639	2.21	1.480			
	합계	2447	2.40	1.623			
1, 2학년 영어 학습	3	577	2.95	1.795	1.78	0.15	
	4	635	2.89	1.690			
	5	597	2.82	1.712			
	6	631	2.74	1.653			
	합계	2440	2.85	1.712			
학교 영어 시간 부족	3	581	2.86	1.498	8.07***	0.000	3과5,6의p=0.001,0.000;4와5,6의p=0.02,0.001
	4	627	2.77	1.421			
	5	600	2.59	1.370			
	6	640	2.51	1.301			
	합계	2448	2.68	1.403			

		n	M	SD	F	p	post-hoc test(p값)
활동 중심 수업 흥미	3	580	4.27	1.173	26.44***	0.000	3과4,5,6의p=0.000,0.000,0.000;4와6의p=0.000;5와6의p=0.000
	4	640	3.99	1.299			
	5	603	3.93	1.224			
	6	642	3.63	1.344			
	합계	2465	3.95	1.284			
활동 중심 수업 영어 실력 향상	3	581	3.33	1.315	4.16**	0.006	3과6의p=0.001;4와6의p=0.02;5와6의p=0.02
	4	638	3.25	1.302			
	5	607	3.25	1.214			
	6	640	3.09	1.224			
	합계	2466	3.23	1.266			
단어 더 배우고 싶음	3	586	3.83	1.368	2.55	0.05	
	4	643	3.69	1.409			
	5	604	3.66	1.307			
	6	643	3.62	1.305			
	합계	2476	3.70	1.349			
3학년부터 수업 후 더 관심	3	585	3.46	1.351	31.82***	0.000	3과4,5,6의p=0.000,0.000,0.000;4와5,6의p=0.000,0.000;5와6의p=0.03
	4	639	3.19	1.400			
	5	604	2.92	1.329			
	6	638	2.76	1.328			
	합계	2466	3.08	1.378			

*: pr<0.05, **: pr<0.01, ***: pr<0.001 수준에서 통계적으로 유의함

위 표에 의하면, 초등학생들이 자기 수준에 맞게 영어 수업을 받고 있는지에 대해서는 3, 4, 5, 6학년 모든 학년별로 부정적인 견해를 보였다. 수업 관찰과 심층

면담을 통해 이에 대해 좀 더 자세히 살펴보면, 음성언어인 듣기와 말하기 수업 중심인 3, 4학년에서는 모둠 활동을 통하여 활동 중심으로 모든 학생들이 참여하도록 노력하지만 대부분 다인수 학급이므로 수준별로 나누어 가르치는 것에 한계가 있었다. 고학년인 5, 6학년으로 올라가면 음성언어 교육과 아울러 문자언어인 읽기와 쓰기 교육이 이루어지는데 교과서에서는 음성언어 활동에 비해 문자언어 활동이 매우 적고, 단순하고 제한적인 활동이어서 학생들이 문자언어 활동에 흥미를 갖기 어렵다. 더군다나 학급 내 문자언어에 대한 학생들의 수준 차이가 너무 커서 수준별 수업이 더욱 절실하나 학급 안에서 적절하게 조절하기는 쉽지 않아 보였다.

영어 수업이 여러 가지 활동으로 진행되는지에 대해서는 모든 학년별로 보통이지만 긍정하는 정도의 반응을 보였다. 하지만 활동 중심의 초등영어 수업에서 학생들이 활동 중심의 수업 여부에 대해 아주 긍정적이기보다는 보통의 견해를 보인 것에 대해 수업 관찰과 심층 면담을 통해 좀 더 자세히 살펴보니 저학년인 3, 4학년에서는 듣기와 말하기를 챈트, 노래, 게임, 역할극 등 여러 가지 활동들을 통하여 학생들이 수업에 참여하지만, 고학년인 5, 6학년에서는 음성언어에 문자언어인 읽기와 쓰기가 추가되면서 학생들이 활동 중심의 수업에 어려움을 느끼고 있는 것으로 나타났다. 아울러 문자언어에는 많은 활동들이 포함되어 있지 않아서 쉽게 지루해 하기도 하였다.

영어 수업시간에 영어권 문화를 배우는지에 대해서는 모든 학년별로 부정적인 견해를 나타냈다. 이를 수업 관찰과 심층 면담을 통해 좀 더 자세히 살펴보면, 저학년인 3, 4학년에서는 인사와 식사 예절이나 미국에서 부르는 호칭 정도의 문화 교육을 하고 있었으며, 고학년인 5, 6학년에서는 문화 교육을 통한 언어 교육보다는 언어의 4가지 기능을 학습하는데 더 초점을 맞추고 있었다.

영어 수업시간에 수준에 맞게 수행평가를 받는지에 대해서는 3학년은 보통의 견해를 보였지만, 4, 5, 6학년은 부정의 견해를 나타냈다. 하지만 3학년과 4, 5학년은 유의한 차이가 나타나지 않았으며, 3학년과 6학년만 유의한 차이가 나타났다. 따라서 저학년보다는 고학년에서 더 수준에 맞게 수행평가를 받지 않는 것을 알 수가 있다. 수업 관찰과 심층 면담을 통해 이를 좀 더 자세히 살펴보면, 3학년과 6학년의 경우에는 어느 정도 수준에 맞게 평가를 받고 있었으나, 4학년과 5학년의 경우에는 다 똑같이 평가를 받고 있었다. 4학년

한 학생의 경우에는 교사가 평가할 것을 미리 알려주고 연습해서 시험을 보고, 통과가 안 되면 남거나 다시 하기도 하고 더 못하는 친구들에게는 조금 쉬운 것을 평가하거나 적게 평가할 때도 있다고 말하였다.

현재의 영어 교과서만으로 수업을 하는 데 재미가 있는지에 대해서는 모든 학년별로 찬성도, 반대도 하지 않는 중간적인 입장을 보였으나 학년이 올라갈수록 흥미가 떨어지는 것으로 나타났다. 특히 4학년과 5학년에서는 유의한 차이가 나타나지 않았지만, 3학년과 4, 5, 6학년, 4학년과 6학년, 5학년과 6학년에서는 흥미 면에서 유의한 차이가 나타났다. 수업 관찰과 심층 면담을 통해 이를 좀 더 자세히 살펴보면, 듣기와 말하기 위주의 활동 중심 수업이 이루어지는 3학년에서는 학생들이 교과서에 어느 정도 흥미를 느끼고 있었으나, 문자언어인 읽기가 나타나는 4학년, 그리고 문자언어인 쓰기가 나타나는 5, 6학년에서는 학생들이 교과서 수업에 흥미를 잃는 경우도 있었다.

현재의 영어 교과서만으로 수업을 해도 영어 실력이 향상되었는지에 대해서는 모든 학년별로 부정적인 견해를 보였고 학년이 올라갈수록 더 부정적인 견해를 보였다. 특히 3학년과 5, 6학년, 4학년과 6학년 간에는 유의한 차이가 있었다. 수업 관찰과 심층 면담을 통해 이를 좀 더 자세히 살펴보면, 학생들은 학년이 올라갈수록 사교육이 영어 실력을 향상시켜 주고, 학교의 영어 수업은 활동 중심으로 흥미를 길러준다고 생각하였다.

현재의 영어 교과서만으로 영어의 듣기와 말하기가 재미있는지에 대해서는 3, 4, 5학년은 보통의 견해를, 6학년은 부정의 견해를 나타냈으며 학년이 올라갈수록 더욱 부정적인 견해를 나타냈다. 특히 3학년과 4, 5, 6학년, 4학년과 5, 6학년, 5학년과 6학년 사이에는 유의한 차이가 나타났다. 수업 관찰과 심층 면담을 통해 이를 좀 더 자세히 살펴보면, 저학년에서는 듣기와 말하기의 활동 중심 수업에 흥미를 느끼고 있었으나 고학년으로 갈수록 사교육의 영향으로 문자언어를 많이 배움으로써 학교의 듣기와 말하기 중심의 활동 수업에 흥미를 잃고 있었다.

현재의 영어 교과서로 배워서 영어의 듣기와 말하기 실력이 향상되었는지에 대해서는 3학년은 보통의 견해를, 4, 5, 6학년은 부정의 견해를 나타냈으며 학년이 올라갈수록 더욱 부정적인 견해를 나타냈다. 특히 3학년과 4, 5, 6학년, 4학년과 6학년 사이에는 유의한 차이가 나타났다. 수업 관찰과 심층 면담을 통해 이를 좀 더 자세히 살펴보면, 3학년에서는 학생들이 듣기와 말하기 중심의 활동 수업에 흥미를 느끼고 영어 실력이 향상된다고 생각하였으나 학년이 올라갈수록 사교육 기관에서 학교 수준을 초과한 어휘들을 배우고, 원어민들과 수업을 하면서 활동 중심의 한정된 어휘의 학교 수업이 듣기와 말하기 실력을 향상시켜 주지는 못한다고 생각하고 있었다.

현재의 영어 교과서로 배워서 영어의 읽기와 쓰기가 재미있는지에 대해서도 3학년은 보통의 견해를, 4, 5, 6학년은 부정의 견해를 나타냈으며 학년이 올라갈수록 더욱 부정적인 견해를 나타냈다. 특히 3학년과 6학년, 4학년과 6학년, 5학년과 6학년 사이에는 유의한 차이가 나타났다. 수업 관찰과 심층 면담을 통해 이를 좀 더 자세히 살펴보면, 3학년에서는 문자언어인 읽기와 쓰기를 교과서에서 배우지 않기 때문에 사교육 기관에서 파닉스를 통하여 읽기와 쓰기를 처음 접하게 되었고, 교과서에서는 문자언어인 읽기가 처음 등장하는 4학년부터 학생들이 음성언어인 말하기와 읽기의 보조수단으로 읽기와 쓰기를 접하면서 교사가 내용을 제시하고 학생들은 따라 읽고 공책에 쓰는 방법으로 수업을 받기 때문에 교과서의 활동에 흥미를 갖지 못하는 경우가 많았고, 광역시의 한 학생은 교사가 직접 학습지나 게임, 챈트 등 활동 중심으로 재구성하여 수업을 해주시기 때문에 재미있다고 느끼는 경우도 있었다.

현재의 영어 교과서로 배워서 영어의 읽기와 쓰기 실력이 향상되었는지에 대해서는 학년별로 유의한 차이가 없이 3, 4, 5, 6학년 모두 부정적인 견해를 나타냈다.

학교에서 영어를 더 배우고 싶은지에 대해서는 3, 4학년은 보통의 견해를, 5, 6학년은 부정의 견해를 나타냈다. 특히 3학년과 5, 6학년, 4학년과 6학년, 5학년과 6학년 사이에는 유의한 차이가 나타났다. 수업 관찰과 심층 면담을 통해 이를 좀 더 자세히 살펴보면, 저학년인 3학년에서는 학생들이 듣기와 말하기 중심의 활동 수업에 흥미를 느끼고 있었으나, 문자언어가 등장하는 4학년, 특히 읽기와 쓰기가 등장하는 5학년부터는 학생들이 영어에 점점 흥미를 잃고 있었으며, 여기에 사교육 영어까지 가세하여 문자언어인 읽기와 쓰기가 더욱 강화되면서 아동들이 심적 부담을 느끼고 있었다.

학교에서 영어를 배우면 재미있는지에 대해서는 모든 학년별로 보통의 견해를 보였고 학년이 올라갈수록 흥미가 떨어지고 있었다. 특히 3학년과 4, 5, 6학년, 4학년과 5, 6학년, 5학년과 6학년 간에는 유의한 차이가 있었다.

학원 같은 사교육 기관에서 영어를 더 배우고 싶은지에 대해서는 3, 4, 5, 6학년 모두 부정적인 견해를 나타냈다.

학원 같은 사교육 기관에서 영어를 배우면 재미있는지에 대해서는 3, 4학년은 부정적인 견해를, 5, 6학년은 보통의 견해를 나타냈지만 학년 간의 유의한 차이는 나타나지 않았다. 심층 면담을 통해 이를 좀 더 자세히 살펴보면, 사교육 기관의 영어 수업보다는 학교에서 영어를 처음 시작하는 3학년부터 학생들은 활동 중심의 듣기, 말하기 수업에 흥미를 느끼나 점차 사교육을 받으면서 활동 중심의 학교 영어 수업에 흥미를 잃고, 영어가 어렵다고 느끼고 있었다.

학교에서 영어를 전담과 담임교사 중에서 누가 가르치는지에 대해서는 담임교사보다는 전담교사가 가르친다는 비율이 높았다. 수업 관찰과 심층 면담을 통해 좀 더 자세히 살펴보면, 저학년인 3, 4학년은 담임교사가 영어 수업을 하는 것이 편하고 재미있어서 담임교사를 선호한 반면에 고학년인 5, 6학년은 담임교사보다는 전담교사가 영어 실력이 더 좋기 때문에 전담교사를 선호하였다. 하지만 고학년인 5, 6학년의 학생들도 영어 실력이 좋다면 담임교사에게 영어를 배우기를 원하였다.

문자언어인 읽기와 쓰기를 현행대로 읽기는 4학년부터, 쓰기는 5학년부터 배우는 것이 좋은지에 대해서는 4학년은 보통의 견해를, 3, 5, 6학년은 부정적인 견해를 보였지만 학년간의 차이는 나타나지 않아서 전체적으로 부정적인 견해를 나타낸 것으로 볼 수 있다. 수업 관찰과 심층 면담을 통해 좀 더 자세히 살펴보면, 문자언어인 읽기와 쓰기에서 학생들 간의 차이가 많이 있어서, 사교육 기관을 통하여 읽기와 쓰기에 자신이 있는 학생들은 3학년부터 읽기와 쓰기를 같이 배우기를 원하였고, 읽기와 쓰기에 자신이 없는 학생들은 현행대로 4학년에 읽기, 5학년에 쓰기를 배우는 것도 부담스러워 하였다.

듣기, 말하기, 읽기, 쓰기를 3학년부터 함께 배우는 것이 좋은지에 대해서는 5학년은 부정적인 견해를, 3, 4, 6학년은 보통의 견해를 보였고, 3학년과 4, 5, 6학년 간에는 유의한 차이가 발생하였다. 이를 수업 관찰과 심층 면담을 통해 살펴보면, 3학년 학생들은 교실에서 듣기와 말하기를 배우면서 읽기와 쓰기도 배우기를 원하기도 하였고, 4, 5, 6학년 학생들은 학원에서 많이 배우는 읽기와 쓰기에 대해서 부담을 가지고 있었다.

앞으로 현재의 교과서보다 문자언어인 읽기와 쓰기를 더 배우고 싶은지에 대해서는 모든 학년별로 보통의 견해를 나타냈다. 이를 수업 관찰과 심층 면담을 통해 살펴보면, 저학년 학생들은 학원에서 배우는 문자언어가 학교에서는 중요하게 다루어지지 않기 때문에

크게 흥미를 느끼고 있지 않았으며, 고학년에 올라가서야 문자언어를 학교에서 배우면서부터 문자언어에 부담을 느끼고 있는 것으로 나타났다. 아울러 학원에서는 훨씬 이전에 문자언어를 교육하고 있어서 학생들에게는 부담이 되는 것으로 나타났다.

영어를 3학년부터 배우는 것이 좋은지에 대해서는 모든 학년별로 보통의 견해를 보였고, 3학년과 4, 5, 6학년 간에는 유의한 차이가 발생하였고, 학년이 올라갈수록 부정적인 견해를 보였다. 이를 수업 관찰과 심층 면담을 통해 좀 더 자세히 살펴보면, 3학년에 활동중심의 영어 수업에 대해서는 학생들도 좋아하였지만 점점 학년이 올라갈수록 사교육의 영향으로 영어에 부담을 갖고, 똑같은 형식의 활동 중심의 수업에 대해서도 지루하게 여기는 경우도 있었다. 예를 들면, 저학년인 3, 4학년은 게임과 챈트, 노래를 좋아한 반면, 고학년인 5, 6학년은 게임은 좋아하지만 챈트와 노래를 따라하는 것은 싫어하기도 하였다. 또한 1학년부터 배우는 것에 대해서는 모든 학년별로 반대의 입장을 보여 영어를 배우는 것에 대해 부담을 갖고 있는 것으로 나타났다.

유치원에서 영어를 배웠는지에 대해서는 모든 학년별로 부정적인 견해를 보였고, 저학년에서는 어느 정도 허용 적이었지만 학년이 올라갈수록 더욱 부정적인 견해를 나타냈다. 특히 3학년과 5, 6학년, 4학년과 5, 6학년 간에는 유의미한 차이가 발생하였다.

1학년과 2학년 중에 학원 및 집에서 영어를 배웠는지에 대해서는 모든 학년별로 부정적인 견해를 보였다. 이를 심층 면담을 통해 살펴보았을 때, 일부 소수의 학생들만이 1, 2학년에 영어 교육을 받고, 대부분의 학생들은 공교육이 시작되는 3학년부터 영어를 시작하는 것으로 나타났다.

현재 학교에서의 영어 시간이 부족하다고 생각하는지에 대해서는 모든 학년별로 부족하지 않다고 생각하고 있었으며, 특히 학년이 올라갈수록 더욱 부족하지 않다고 생각하고 있었다. 아울러 3학년과 5, 6학년, 4학년과 5, 6학년 간에는 유의한 차이가 있었다. 이를 심층 면담을 통해 살펴보았을 때, 학년이 올라갈수록 학생들이 사교육에서의 영어 교육과 학교에서의 영어 교육에 부담을 가지고 있는 것으로 나타났으며, 다른 교과목들과 마찬가지로 현재의 영어 과목의 시간 배당을 괜찮다고 생각하고 있었다.

교과서의 노래, 챈트, 놀이, 역할극 위주의 활동 수업이 재미있는지에 대해서는 3학년에서는 재미있다고 생각하였지만, 학년이 올라갈수록 보통의 견해를 나타a

내었으며 3학년과 4, 5, 6학년, 4학년과 6학년, 5학년과 6학년 간에는 유의한 차이를 보였다. 이를 수업 관찰과 심층 면담을 통해 좀 더 자세히 살펴보면, 저학년 학생들은 교과서의 놀이를 가장 좋아하고, 그 다음으로 노래와 챈트를 좋아하였지만 고학년 학생들은 놀이와 역할극 은 좋아하지만 챈트와 노래의 따라하는 율동은 싫어하는 경우도 있었다.

교과서의 노래, 챈트, 놀이, 역할극 위주의 수업이 영어 실력을 향상시켜 주었는지에 대해서는 모든 학년별로 보통의 견해를 보였지만 학년이 올라갈수록 더욱 부정적인 견해를 보였고, 3학년과 6학년, 4학년과 6학년, 5학년과 6학년 간에는 유의한 차이가 발생하였다. 이를 수업 관찰과 심층 면담을 통해 좀 더 자세히 살펴보면, 저학년 학생들은 활동 중심 수업이 영어 실력도 어느 정도 향상시켜 준다고 생각하고 있었지만, 학년이 올라갈수록 사교육에 눈을 뜨면서 공교육의 활동 중심 수업이 실력을 향상시켜 준다는 생각에 변화가 오고 있었다.

현재 배우고 있는 단어들보다 더 많은 영어 단어들을 배우고 싶은지에 대해서는 모든 학년별로 보통의 견해를 보였지만 고학년보다는 저학년에서 더 많은 단어들을 배우고 싶어 하였다. 이를 심층 면담을 통해 좀 더 자세히 살펴보면, 저학년에서는 활동 중심의 수업에 호감을 느끼면서 자연스럽게 단어도 더 배우고 싶은 생각이 들었으나, 고학년에 올라갈수록 사교육의 영향으로 영어 교육에 부담을 느끼거나 학교의 활동 중심 수업에 지루함을 느끼면서 새로운 단어들을 더 배우고 싶은 생각들이 줄어들고 있었다.

3학년부터 영어를 배운 후, 영어에 더 관심을 갖게 되었는지에 대해서는 3, 4학년은 보통의 견해를, 5, 6학년은 부정적인 견해를 나타냈으며, 3학년과 4, 5, 6학년, 4학년과 5, 6학년, 5학년과 6학년 간에는 유의한 차이가 발생하였다. 학년이 올라갈수록 3학년부터 학교에서 영어를 배워서 더 관심을 갖게 되었다는 생각이 줄어들고 있는 것으로 나타났다.

2) 사교육 경험에 따른 차이 분석

사교육 경험 유무에 따른 평균, 표준편차, t-검정, 자유도, 유의확률을 통한 차이 분석은 다음 [표 4]와 같다.

[표 4] 사교육 경험에 따른 평균, 표준편차, t-검정, 자유도, 유의확률

	영어 교육 경험	n	M	SD	t	df	p
수준별 수업	없음	469	2.23	1.310	−5.58***	790.60	0.000
	있음	1753	2.62	1.426			
활동 수업	없음	463	3.38	1.313	−6.07***	658.09	0.000
	있음	1742	3.78	1.139			
영어권 문화 수업	없음	457	2.49	1.274	−4.28***	700.35	0.000
	있음	1731	2.78	1.238			
수행평가	없음	472	2.68	1.338	−4.26***	2218	0.000
	있음	1748	2.98	1.357			
교과서 수업 흥미	없음	464	3.46	1.333	3.48**	2184	0.001
	있음	1722	3.21	1.382			
교과서 수업 영어 실력 향상	없음	464	2.75	1.190	−0.24	2203	0.81
	있음	1741	2.76	1.190			
듣기와 말하기 흥미	없음	469	3.18	1.335	0.43	2207	0.67
	있음	1740	3.15	1.291			
듣기와 말하기 실력 향상	없음	459	2.85	1.169	−1.01	2196	0.32
	있음	1739	2.91	1.160			
읽기와 쓰기 흥미	없음	453	2.84	1.314	−1.37	2189	0.17
	있음	1738	2.93	1.267			
읽기와 쓰기 실력 향상	없음	434	2.72	1.277	−2.41*	2096	0.02
	있음	1664	2.88	1.210			
학교에서 영어를 더 배우고 싶음	없음	472	2.83	1.312	−1.75	2228	0.08
	있음	1758	2.95	1.336			

	영어 교육 경험	n	M	SD	t	df	p
학교영어 흥미	없음	471	3.29	1.321	0.19	2215	0.85
	있음	1746	3.28	1.295			
사교육 기관 영어 희망	없음	464	2.14	1.282	−14.81***	782.75	0.000
	있음	1738	3.15	1.398			
사교육 기관 영어 흥미	없음	461	2.16	1.245	−16.52***	770.77	0.000
	있음	1737	3.26	1.347			
담임교사	없음	462	2.34	1.784	1.85	703.84	0.06
	있음	1736	2.17	1.714			
문자언어 현행 유지	없음	463	3.04	1.347	1.29	2196	0.20
	있음	1735	2.95	1.331			
4기능 3학년 시작	없음	462	2.91	1.452	−2.81**	2182	0.005
	있음	1722	3.12	1.437			
문자언어 더 배우고 싶음	없음	461	2.80	1.347	−7.00***	2171	0.000
	있음	1712	3.28	1.298			
3학년 시작 선호	없음	471	3.27	1.400	0.78	2215	0.44
	있음	1746	3.21	1.436			
1학년 시작 선호	없음	471	2.09	1.426	−5.44***	802.09	0.000
	있음	1745	2.50	1.564			
유치원 영어	없음	464	1.90	1.409	−8.16***	832.79	0.000
	있음	1735	2.53	1.645			
1, 2학년 영어 학습	없음	461	1.97	1.384	−15.12***	872.61	0.000
	있음	1729	3.13	1.710			
학교 영어 시간 부족	없음	463	2.36	1.324	−5.59***	2196	0.000
	있음	1735	2.76	1.402			

	영어 교육 경험	n	M	SD	t	df	p
활동 중심 수업 흥미	없음	471	3.91	1.335	−0.32	2212	0.75
	있음	1743	3.93	1.273			
활동 중심 수업 영어 실력 향상	없음	470	3.18	1.306	−0.65	2212	0.51
	있음	1744	3.23	1.254			
단어 더 배우고 싶음	없음	469	3.23	1.427	−8.44***	682.86	0.000
	있음	1754	3.84	1.281			
3학년부터 수업 후 더 관심	없음	470	2.74	1.368	−5.62***	2212	0.000
	있음	1744	3.14	1.357			

*: pr<0.05, **: pr<0.01, ***: pr<0.001 수준에서 통계적으로 유의함

위 표에 의하면, 초등학생들의 수준별 영어 수업에 대해서는 사교육을 받는 학생들과 받지 않는 학생들 모두 부정적인 견해를 보였지만, 두 집단 간에 차이가 있어 사교육을 받는 학생들이 받지 않는 학생들보다 더 수준별 수업을 받는 것으로 분석된다. 수업 관찰과 심층 면담을 통해 이에 대해 좀 더 자세히 살펴보면, 학원 같은 사교육 기관에서는 학년에 상관없이 학원 자체적으로 수준을 나누어 가르치고 있었으며, 공교육인 학교에서는 1시간 수업인 40분에 모둠 활동을 통해 수업을 할 때 어느 정도 수준을 고려하는 것으로 나타났다.

영어 수업이 여러 가지 활동으로 진행되는지에 대해서는 사교육을 받는 학생들과 받지 않는 학생들 모두 보통의 견해를 보였지만, 두 집단 간에 차이가 있어 사교육을 받는 학생들이 받지 않는 학생들보다 더 많은 활동을 하는 것으로 나타났다. 이는 활동 중심 수업으로 구성되어 있는 초등영어 공교육보다 사교육에서 더 많은 활동을 한다고 생각하고 있어 문제점으로 지적된다.

영어 수업시간에 영어권 문화를 배우는지에 대해서는 사교육을 받는 학생들과 받지 않는 학생들 모두 부정적인 견해를 보였지만, 두 집단 간에 차이가 있어 사교육을 받는 학생들이 받지 않는 학생들보다 더 영어를 사용하는 사람들의 생활 방식이나 문화를 배우는 것으로 나타났다. 하지만 수업 관찰과 심층 면담을 통해 이를 좀 더 자세히 살펴보았을 때, 사교육 기관에서의 문화교육은 영미 문화권에 치우쳐 있었고, 공교육에서는 우리 문화와 더불어 다양한 문화교육 자료가 부족한 것으로 나타났다.

영어 수업시간에 수준에 맞게 수행평가를 받는지에 대해서는 사교육을 받는 학생들과 받지 않는 학생들 모두 부정적인 견해를 보였지만, 두 집단 간에 차이가 있어 사교육을 받는 학생들이 받지 않는 학생들보다 더 수준별로 수행평가를 받는 것으로 나타났다. 수업 관찰과 심층 면담을 통해 이를 좀 더 자세히 살펴보면, 공교육에서는 매 단원 4차시 Review에서 이미 배운 내용을 점검하고 있었으며, 사교육에서는 배운 내용을 workbook을 통해 집에서 숙제형태로 하도록 하면서 자주 점검하는 것으로 나타났다.

현재의 영어 교과서만으로 수업을 하는 데 재미가 있는지에 대해서는 사교육을 받는 학생들과 받지 않는 학생들 모두 보통의 견해를 보였지만, 두 집단 간에 차이가 있어 사교육을 받는 학생들보다 받지 않는 학생들이 더 영어 교과서만으로 수업을 하는 데 재미를 느끼고 있는 것으로 나타났다. 수업 관찰과 심층 면담을 통해 이를 좀 더 자세히 살펴보면, 사교육을 받지 않는 학생들은 교과서의 활동 중심 수업에 어느 정도 흥미를 느끼고 있었으나, 영어 실력이 어느 정도 있는 학생들은 반복되는 활동 중심의 수업에 흥미를 잃기도 하였다. 사교육을 받는 학생들은 교과서의 활동 중심 수업에 대해 불만은 없었으나, 사교육 기관에서 가르치는 문자언어인 읽기, 쓰기 교육의 부족에 대해 불만을 느끼고 있었으며 특히, 사교육 기관에서 처음 가르치는 파닉스 교육이 공교육 3학년에 없는 것에 대해 불만을 나타내기도 하였다.

현재의 영어 교과서만으로 수업을 해도 영어 실력이 향상되었는지에 대해서는 사교육을 받는 학생들과 받지 않는 학생들 모두 부정적인 견해를 보였고, 수업 관찰과 심층 면담을 통해 이를 좀 더 자세히 살펴보면, 사교육을 받지 않는 학생들은 활동 중심의 수업이 재미있지만 영어 실력이 많이 향상된다고는 생각을 하지 않았고, 사교육을 받는 학생들은 학원에서 영어를 배우는 것이 더 실력이 향상된다고 생각하고 있었지만 한편으로는 어렵다고도 느끼는 것으로 나타났다.

현재의 영어 교과서만으로 영어의 듣기와 말하기가 재미있는지에 대해서는 사교육을 받는 학생들과 받지 않는 학생들 모두 보통의 견해를 보였고, 수업 관찰과 심층 면담을 통해 이를 좀 더 자세히 살펴보면, 사교육을 받지 않는 학생들은 수업에서 자신들의 듣고, 말하는 활동들이 많이 있지 않다고 생각하고 있었으며, 사교육을 받는 학생들은 학원에서 자신들이 듣고, 말하는 활동을 많이 할 수 있다고 생각하였다.

현재의 영어 교과서로 배워서 영어의 듣기와 말하기 실력이 향상되었는지에 대해서는 사교육을 받는 학생들과 받지 않는 학생들 모두 부정적인 견해를 보였고, 수업 관찰과 심층 면담을 통해 이를 좀 더 자세히 살펴보면, 사교육을 받는 학생들과 받지 않는 학생들 모두 공교육에서의 듣기, 말하기 교육이 개별 학생들을 대상으로 실력을 향상시켜 주기에는 내용이 단조롭다고 생각하고 있었다.

현재의 영어 교과서로 배워서 영어의 읽기와 쓰기가 재미있는지에 대해서는 사교육을 받는 학생들과 받지 않는 학생들 모두 부정적인 견해를 보였고, 수업 관찰과 심층 면담을 통해 이를 좀 더 자세히 살펴보면, 사교육을 받지 않는 학생들은 4학년에 읽기, 5학년에 쓰기가 처음 등장하면서 6학년에서의 읽기와 쓰기 활동에 어려움을 겪고 있었고, 듣기와 말하기 활동처럼 다양한 활동을 통한 재미있는 읽기와 쓰기를 원하였고, 사교육을 받는 학생들은 학원에서는 3학년부터 문자언어인 읽기와 쓰기를 중점적으로 시작하는데 학교에서는 5학년에 가서야 읽기와 쓰기를 같이 배우므로 학교에서의 읽기와 쓰기에 대해 재미없다고 생각하였다.

현재의 영어 교과서로 배워서 영어의 읽기와 쓰기 실력이 향상되었는지에 대해서는 사교육을 받는 학생들과 받지 않는 학생들 모두 부정적인 견해를 보였지만 두 집단 간에는 유의미한 차이가 있어 사교육을 받는 학생들이 더 실력이 향상되었다고 여기고 있었다. 수업 관찰과 심층 면담을 통해 이를 좀 더 자세히 살펴보면, 사교육을 받는 학생들은 학교에서의 읽기와 쓰기에 자신감을 갖고 있었으며, 사교육을 받지 않는 학생들은 듣기와 말하기 위주의 수업에서의 읽기와 쓰기가 어렵고 부담이 가는 것으로 나타났다.

학교에서 영어를 더 배우고 싶은지에 대해서는 사교육을 받는 학생들과 받지 않는 학생들 모두 부정적인 견해를 보였고, 수업 관찰과 심층 면담을 통해 이를 좀 더 자세히 살펴보면, 사교육을 받는 학생들은 학원에서 수업을 받는 것이 더 실력을 향상시켜 준다고 생각하고 있었으며, 사교육을 받지 않는 학생들은 활동 중심의 학교 수업에서 영어를 말하는 것에 부담감을 느끼고 있는 것으로 나타났다.

학교에서 영어를 배우면 재미있는지에 대해서는 사교육을 받는 학생들과 받지 않는 학생들 모두 보통의 견해를 보였고, 수업 관찰과 심층 면담을 통해 이를 좀 더 자세히 살펴보면, 사교육을 받지 않는 학생들과 받는 학생들 모두 영어를 학습하는 데에 있어서 재미보다는 부담감을 더 느끼고 있는 것으로 나타났다.

학원 같은 사교육 기관에서 영어를 더 배우고 싶은지에 대해서는 사교육을 받는 학생들은 부정도, 긍정도 하지 않은 중간적인 입장을 보였지만 사교육을 받지 않는 학생들은 부정적인 견해를 보였으며, 두 집단 간에는 유의한 차이가 있었다.

학원 같은 사교육 기관에서 영어를 배우면 재미있는지에 대해서도 사교육을 받는 학생들은 부정도, 긍정도 하지 않은 중간적인 입장을 보였지만 사교육을 받지 않는 학생들은 재미있을 것 같지 않다는 부정적인 견해를 보였으며, 두 집단 간에는 유의한 차이가 있었다.

학교에서 영어를 전담과 담임교사 중에서 누가 가르치는지에 대해서는 사교육을 받는 학생들과 받지 않는 학생들 모두 담임교사보다는 전담교사가 가르친다고 생각하고 있었지만 사교육을 받는 학생들이 받지 않는 학생들보다 더 전담교사가 가르친다고 생각하고 있었다. 수업 관찰과 심층 면담을 통해 좀 더 자세히 살펴보면, 사교육을 받는 학생들과 받지 않는 학생들 모두 전담교사가 영어 능력이 뛰어나다면 전담교사가 영어를 가르치기를 원했고, 비슷한 실력이라면 담임교사가 가르치는 것이 더 편하다고 생각하고 있었다.

문자언어인 읽기와 쓰기를 현행대로 읽기는 4학년부터, 쓰기는 5학년부터 배우는 것이 좋은지에 대해서는 사교육을 받는 학생들은 부정적인 견해를, 사교육을 받지 않는 학생들은 보통의 견해를 보였지만 두 집단 간에는 유의한 차이가 없어서 보통의 견해를 보였다고 볼 수 있다. 수업 관찰과 심층 면담을 통해 좀 더 자세히 살펴보면, 사교육을 받는 학생들은 학원에서 저학년에서부터 파닉스를 통해 읽기와 쓰기를 하고 있다는 것을 생각하고 있었고, 사교육을 받지 않는 학생들은 교과서의 읽기와 쓰기에 대해서도 부담을 가지고 있는 것으로 나타났다.

듣기, 말하기, 읽기, 쓰기를 3학년부터 함께 배우는 것이 좋은지에 대해서는 사교육을 받는 학생들은 보통의 견해를, 사교육을 받지 않는 학생들은 부정적인 견해를 보였고, 두 집단 간에도 유의한 차이가 나타났다. 수업 관찰과 심층 면담을 통해 좀 더 자세히 살펴보면, 사교육을 받는 학생들은 학교에서도 학원에서처럼 좀 더 일찍 문자언어를 가르쳐 주기를 원했고, 사교육을 받지 않는 학생들은 문자언어가 일찍 등장하는 것에 대해 부담감을 가지고 있는 것으로 나타났다.

앞으로 현재의 교과서보다 문자언어인 읽기와 쓰기를 더 배우고 싶은지에 대해서는 사교육을 받는 학생들은 보통의 견해를, 사교육을 받지 않는 학생들은 부정적인 견해를 보였고, 두 집단 간에도 유의한 차이가 나타났다. 수업 관찰과 심층 면담을 통해 좀 더 자세히 살펴보면, 사교육을 받는 학생들과 받지 않는 학생들 모두 문자언어에 대해 부담감을 가지고 있었지만 학원에서 일찍 문자언어를 배운 학생들은 좀 더 일찍 학교에서 문자언어를 배우기를 원하였다.

영어를 3학년부터 배우는 것이 좋은지에 대해서는 사교육을 받은 학생들과 받지 않은 학생들 모두 보통의 견해를 보였고, 1학년부터 배우는 것에 대해서는 사교육을 받은 학생들과 받지 않은 학생들 모두 부정적인 견해를 보였다. 특히, 사교육을 받지 않은 학생들은 사교육을 받은 학생들보다도 더욱 부정적인 견해를 나타냈으며, 통계적으로도 유의하였다.

유치원에서 영어를 배웠는지에 대해서는 사교육을 받는 학생들은 부정적인 견해를, 사교육을 받지 않는 학생들은 아주 부정적인 견해를 보였다.

1학년과 2학년 중에 학원 및 집에서 영어를 배웠는지에 대해서는 사교육을 받는 학생들은 보통의 견해를, 사교육을 받지 않는 학생들은 아주 부정적인 견해를 나타냈고, 두 집단 간에는 유의한 차이가 나타났다.

현재 학교에서의 영어 시간이 부족하다고 생각하는지에 대해서는 사교육을 받는 학생들과 받지 않는 학생들 모두 부족하지 않다고 생각하였고, 특히 사교육을 받지 않는 학생들은 통계적으로 유의하게 더욱 부족하지 않다고 생각하고 있었다.

교과서의 노래, 챈트, 놀이, 역할극 위주의 수업이 재미있는지에 대해서는 사교육을 받는 학생들과 받지 않는 학생들 모두 보통의 견해를 보였지만 두 집단 모두 재미있다는 긍정에 가까운 견해를 나타냈다.

교과서의 노래, 챈트, 놀이, 역할극 위주의 수업이 영어 실력을 향상시켜 주었는지에 대해서는 사교육을 받는 학생들과 받지 않는 학생들 모두 보통의 견해를 보였다. 수업 관찰과 심층 면담을 통해 좀 더 자세히 살펴보면, 사교육을 받는 학생들과 받지 않는 학생들 모두 학교 수업이 재미있지만 영어 실력이 많이 향상되었는지는 알 수 없다고 생각하고 있었다.

현재 배우고 있는 단어들보다 더 많은 영어 단어들을 배우고 싶은지에 대해서는 사교육을 받는 학생들과 받지 않는 학생들 모두 보통의 견해를 보였지만 두 집단 간에는 통계적으로 유의한 차이가 있어서 사교육을 받는 학생들이 더 긍정적인 견해를 보였다.

3학년부터 영어를 배운 후, 영어에 더 관심을 갖게 되었는지에 대해서는 사교육을 받는 학생들은 보통의 견해를, 사교육을 받지 않는 학생들은 부정적인 견해를 보였고, 두 집단 간에도 유의미한 차이가 나타났다.

제4장 결론 및 제언

지금까지 초등학교 학생들을 대상으로 제7차 초등 영어 교육과정에 대해서 학년 및 사교육 경험 유무의 관점에서 분석을 시도하였다. 이를 통하여 나타난 결과는 다음과 같다.

초등학생들은 학년별, 사교육 경험별로 모두 자기 수준별로 영어 수업을 받고 있지 않다고 생각하였다. 특히 사교육을 받는 학생들은 더 부정적인 견해를 나타냈다. 저학년에서 고학년으로 올라갈수록 수준차가 많이 나서 수준별 수업이 절실하나 현장에서 적절하게 조절하기는 쉽지 않아 보였다. 더욱이 사교육 기관에서는 학년에 상관없이 수준별 수업이 이루어지고 있었으나 학교에서는 쉽지 않아 보였다.

영어 수업이 여러 가지 활동으로 진행되는지에 대해서는 모든 학년별과 사교육 경험별로 어느 정도 긍정하는 반응을 보였다.

영어 수업시간에 영어권 문화를 배우는지에 대해서는 학년별, 사교육 경험별로 모두 부정적인 견해를 보여 앞으로의 영어 교육에 다양한 문화 교육이 절실함을 보여주고 있다.

영어 수업시간에 수준에 맞게 수행평가를 받는지에 대해서는 학년별로는 저학년에서 고학년으로 갈수록 더욱 부정적이었고, 사교육을 받는 학생들과 받지 않는 학생들도 모두 부정적인 견해를 보였지만, 사교육을 받는 학생들이 받지 않는 학생들보다 더 수준별로 수행평가를 받는 것으로 나타났다.

현재의 영어 교과서만으로 수업을 하는 데 재미가 있는지에 대해서는 학년이 올라갈수록 흥미가 떨어지는 것으로 나타났고, 사교육 경험별로는 사교육을 받는 학생들보다 받지 않는 학생들이 더 영어 교과서만으로 수업을 하는 데 재미를 느끼고 있는 것으로 나타났다.

현재의 영어 교과서만으로 수업을 해도 영어 실력이 향상되었는지에 대해서는 학년별, 사교육 경험별로 모두 부정적인 견해를 보였다.

현재의 영어 교과서만으로 영어의 듣기와 말하기가 재미있는지에 대해서는 학년이 올라갈수록 더욱 부정적인 견해를 나타냈다. 사교육을 받는 학생들과 받지 않는 학생들은 모두 보통의 견해를 보였다.

현재의 영어 교과서로 배워서 영어의 듣기와 말하기 실력이 향상되었는지에 대해서는 학년이 올라갈수록 더욱 부정적인 견해를 나타냈고, 사교육을 받는 학생들과 받지 않는 학생들도 모두 부정적인 견해를 보였다.

현재의 영어 교과서로 배워서 영어의 읽기와 쓰기가 재미있는지에 대해서도 학년이 올라갈수록 더욱 부정적인 견해를 나타냈고, 사교육을 받는 학생들과 받지 않는 학생들도 모두 부정적인 견해를 보였다.

현재의 영어 교과서로 배워서 영어의 읽기와 쓰기 실력이 향상되었는지에 대해서도 학년별, 사교육 경험별로 모두 부정적인 견해를 나타냈으나, 사교육을 받는 학생들이 받지 않는 학생들보다 더 실력이 향상되었다고 여기고 있었다.

학교에서 영어를 더 배우고 싶은지에 대해서는 학년이 올라갈수록 부정적인 견해를 보였고, 사교육을 받는 학생들과 받지 않는 학생들도 모두 부정적인 견해를 보였다.

학교에서 영어를 배우면 재미있는지에 대해서는 학

년별로는 모든 학년이 보통의 견해를 보였고 학년이 올라갈수록 흥미가 떨어지고 있었다. 사교육을 받는 학생들과 받지 않는 학생들도 모두 보통의 견해를 보였다.

학원 같은 사교육 기관에서 영어를 더 배우고 싶은지에 대해서는 학년별로 모두 부정적인 견해를 나타냈다. 사교육을 받는 학생들은 부정도, 긍정도 하지 않은 중간적인 입장을 보였지만 사교육을 받지 않는 학생들은 부정적인 견해를 보였다.

학원 같은 사교육 기관에서 영어를 배우면 재미있는지에 대해서는 학년별로는 3, 4학년은 부정적인 견해를, 5, 6학년은 보통의 견해를 나타냈다. 사교육을 받는 학생들은 부정도, 긍정도 하지 않은 중간적인 입장을 보였지만 사교육을 받지 않는 학생들은 재미있을 것 같지 않다는 부정적인 견해를 보였다.

학교에서 영어를 전담과 담임교사 중에서 누가 가르치는지에 대해서는 학년별로 담임교사보다는 전담교사가 가르친다는 비율이 높았다. 사교육을 받는 학생들과 받지 않는 학생들도 모두 담임교사보다는 전담교사가 가르친다고 생각하고 있었지만 사교육을 받는 학생들이 받지 않는 학생들보다 더 전담교사가 가르친다고 생각하고 있었다.

문자언어인 읽기와 쓰기를 현행대로 읽기는 4학년부터, 쓰기는 5학년부터 배우는 것이 좋은지에 대해서는 학년별로 부정정적인 견해를 보였다. 사교육을 받는 학생들과 사교육을 받지 않는 학생들은 보통의 견해를 보였다. 문자언어인 읽기와 쓰기에서 학생들 간의 차이가 많이 있어서, 사교육 기관을 통하여 읽기와 쓰기에 자신이 있는 학생들은 3학년부터 읽기와 쓰기를 같이 배우기를 원하였고, 읽기와 쓰기에 자신이 없는 학생들은 현행대로 4학년에 읽기, 5학년에 쓰기를 배우는 것도 부담스러워 하였다. 사교육을 받는 학생들은 학원에서 저학년에서부터 파닉스를 통해 읽기와 쓰기를 하고 있다는 것을 생각하고 있었고, 사교육을 받지 않는 학생들은 교과서의 읽기와 쓰기에 대해서도 부담을 가지고 있는 것으로 나타났다.

듣기, 말하기, 읽기, 쓰기를 3학년부터 함께 배우는 것이 좋은지에 대해서는 학년별로 5학년은 부정적인 견해를, 3, 4, 6학년은 보통의 견해를 보였다. 사교육을 받지 않는 학생들은 부정적인 견해를 보였고, 사교육을 받는 학생들은 중간적인 견해를 보였다.

앞으로 현재의 교과서보다 문자언어인 읽기와 쓰기를 더 배우고 싶은지에 대해서는 모든 학년별로 보통의 견해를 나타냈다. 사교육을 받는 학생들도 보통의 견해를 보였지만, 사교육을 받지 않는 학생들은 부정적인 견해를 보였다.

영어를 3학년부터 배우는 것이 좋은지에 대해서는 전체적으로 중간적인 입장을 나타냈다. 또한 1학년부터 배우는 것에 대해서는 학년별로는 모든 학년이 보통의 견해를 보였고, 학년이 올라갈수록 부정적인 견해를 보였고, 사교육을 받는 학생들과 받지 않는 학생들은 모두 보통의 견해를 보였다. 1학년부터 배우는 것에 대해서는 사교육을 받는 학생들과 받지 않는 학생들 모두 부정적인 견해를 보였지만 특히, 사교육을 받지 않는 학생들은 사교육을 받는 학생들보다도 더욱 부정적인 견해를 나타냈다.

유치원에서 영어를 배웠는지에 대해서는 모든 학년별로 부정적인 견해를 보였으며, 저학년에서는 어느 정도 허용적이었지만 학년이 올라갈수록 더욱 부정적인 견해를 나타냈다. 아울러 사교육을 받는 학생들은 부정적인 견해를, 사교육을 받지 않는 학생들은 아주 부정적인 견해를 보였다.

1학년과 2학년 중에 학원 및 집에서 영어를 배웠는지에 대해서는 모든 학년별로 부정적인 견해를 보였다. 아울러 사교육을 받는 학생들은 보통의 견해를, 사교육을 받지 않는 학생들은 아주 부정적인 견해를 나타냈다.

현재 학교에서의 영어 시간이 부족하다고 생각하는지에 대해서는 모든 학년별로 부족하지 않다고 생각하고 있었으며, 특히 학년이 올라갈수록 더욱 부족하지 않다고 생각하고 있었다. 사교육을 받는 학생들과 받지 않는 학생들도 모두 부족하지 않다고 생각하였다.

교과서의 노래, 챈트, 놀이, 역할극 위주의 수업이 재미있는지에 대해서는 학년별로 3학년에서는 재미있다고 생각하였지만, 학년이 올라갈수록 보통의 견해를 나타냈다. 사교육을 받는 학생들과 받지 않는 학생들은 모두 보통의 견해를 보였지만 두 집단 모두 재미있다는 긍정에 가까운 견해를 나타냈다.

교과서의 노래, 챈트, 놀이, 역할극 위주의 수업이 영어 실력을 향상시켜 주었는지에 대해서는 모든 학년별로 보통의 견해를 보였지만 학년이 올라갈수록 더욱 부정적인 견해를 보였다. 사교육을 받는 학생들과 받지 않는 학생들은 모두 보통의 견해를 보였다.

현재 배우고 있는 단어들보다 더 많은 영어 단어들을 배우고 싶은지에 대해서는 모든 학년별로 보통의 견해를 보였지만 고학년보다는 저학년에서 더 많은 단어들을 배우고 싶어 하였다. 사교육을 받는 학생들과 받지 않는 학생들도 모두 보통의 견해를 보였지만 사교육을 받는 학생들이 더 긍정적인 견해를 보였다.

3학년부터 영어를 배운 후, 영어에 더 관심을 갖게 되었는지에 대해서는 학년별로 3, 4학년은 보통의 견해를, 5, 6학년은 부정적인 견해를 나타냈으며, 학년이 올라갈수록 3학년부터 학교에서 영어를 배워서 더 관심을 갖게 되었다는 생각이 줄어들고 있는 것으로 나타났다. 아울러 사교육을 받는 학생들은 보통의 견해를, 사교육을 받지 않는 학생들은 부정적인 견해를 보였다.

이상을 토대로 다음과 같은 제언을 하고자 한다.

첫째, 학교 현장에서 초등학생들이 자기 수준에 맞는 영어 교육을 받을 수 있도록 수준에 맞는 다양한 학습 자료들이 개발되고, 아울러 교사들을 중심으로 한 수준별 수업 연수 등 제반 여건이 마련되어야 할 것으로 여겨진다.

둘째, 문자언어인 읽기와 쓰기에 대해서도 다양한 활동 중심 자료들이 개발되어야 할 것으로 여겨진다. 음성언어인 듣기와 말하기뿐만 아니라 문자언어인 읽기와 쓰기도 재미있게 배울 수 있도록 활동 중심 자료들이 더 개발되어야 할 것으로 여겨진다.

셋째, 초등영어 교육에 우리나라를 비롯한 다양한 국가들의 문화가 포함되어야 할 것으로 여겨진다. 초등학생들에게 자기나라의 문화를 세계에 소개시키는 방향으로 영어 교육이 이루어져야 할 것으로 여겨진다.

넷째, 수행평가가 학생들의 수준에 맞추어 이루어질 수 있도록 교과서에 어느 정도는 제시되어야 할 것으로 여겨진다.

다섯째, 앞으로의 교과서는 초등학생들의 흥미뿐만 아니라 실력도 향상시켜 주는 방향으로 나아가야 할 것으로 여겨진다.

여섯째, 초등학생들의 특성상 담임교사가 영어를 가르칠 수 있도록 분위기를 이끌어 가도록 하여야겠다. 초등학생들이 전담교사보다는 담임교사를 더 편하게 생각하고 있으므로 담임교사가 영어를 가르칠 수 있는 분위기를 조성하는 것이 바람직할 것으로 여겨진다.

부록

부록 1: 제7차 초등영어 교육과정에 대한 설문 조사서(학생용)

본 설문지는 현재 배우고 있는 영어에 대해 학생들의 의견을 듣기 위한 것입니다. 사실 그대로 대답해 주시면 감사하겠습니다.

나이: 만　　세
학년: 3학년(　), 4학년(　), 5학년(　), 6학년(　)
영어에 대한 학교 이외의 사교육 경험: 있음( ), 없음( )

1. 5점 척도 설문 문항: 다음 질문에 대하여 1~5점 사이의 해당 점수에 ○표 하세요. (1점: 전혀 아니다, 2점: 아니다, 3점: 보통이다, 4점: 그렇다, 5점: 아주 그렇다)

1) 나는 영어 수업시간에 다 같이 수업을 받지 않고 내 수준에 맞게 영어를 배우고 있다.

(1 / 2 / 3 / 4 / 5)점

2) 영어 수업은 여러 가지 활동으로 진행된다.

(1 / 2 / 3 / 4 / 5)점

3) 나는 영어 수업시간에 영어를 사용하는 사람들의 생활 방식이나 문화에 대해 배운다.(1 / 2 / 3 / 4 / 5)점

4) 나는 영어 수업시간에 내 수준에 맞게 수행평가를 받는다. ((1 / 2 / 3 / 4 / 5)점

5) 현재의 영어 교과서만으로 수업을 하는 데 재미가 있다. ((1 / 2 / 3 / 4 / 5)점

6) 현재의 영어 교과서만으로 수업을 해도 영어 실력이 향상되었다. (1 / 2 / 3 / 4 / 5)점

7) 현재의 영어 교과서만으로 영어의 듣기와 말하기가 재미있다. (1 / 2 / 3 / 4 / 5)점

8) 현재의 영어 교과서로 배워서 영어의 듣기와 말하기 실력이 향상되었다. (1 / 2 / 3 / 4 / 5)점

9) 현재의 영어 교과서로 배워서 영어의 읽기와 쓰기가 재미있다. (1 / 2 / 3 / 4 / 5)점

10) 현재의 영어 교과서로 배워서 영어의 읽기와 쓰기 실력이 향상되었다. (1 / 2 / 3 / 4 / 5)점

11) 나는 학교에서 영어를 더 배우고 싶다.

(1 / 2 / 3 / 4 / 5)점

12) 학교에서 영어를 배우면 재미있다.

(1 / 2 / 3 / 4 / 5)점

13) 나는 학원 같은 사교육 기관에서 영어를 더 배우고 싶다. (1 / 2 / 3 / 4 / 5)점

14) 학원 같은 사교육 기관에서 영어를 배우면 재미있다. (1 / 2 / 3 / 4 / 5)점

15) 우리학교는 영어 전담선생님이 영어를 가르치신다. (1 / 2 / 3 / 4 / 5)점

16) 우리학교는 담임선생님이 영어를 가르치신다. (1 / 2 / 3 / 4 / 5)점

17) 문자언어인 읽기와 쓰기를, 현재대로 읽기는 4학년부터, 쓰기는 5학년부터 배우는 것이 좋다. (1 / 2 / 3 / 4 / 5)점

18) 듣기, 말하기, 읽기, 쓰기를 3학년부터 함께 배우는 것이 좋다. (1 / 2 / 3 / 4 / 5)점

19) 앞으로 현재의 교과서보다 문자언어인 읽기와 쓰기를 더 배우고 싶다. (1 / 2 / 3 / 4 / 5)점

20) 영어를 3학년부터 배우는 것이 좋다. (1 / 2 / 3 / 4 / 5)점

21) 영어를 1학년부터 배우는 것이 좋다. (1 / 2 / 3 / 4 / 5)점

22) 유치원에서 영어를 배웠다. (1 / 2 / 3 / 4 / 5)점

23) 1학년과 2학년 중에 학원 및 집에서 영어를 배웠다. (1 / 2 / 3 / 4 / 5)점

24) 현재 학교에서의 영어 시간이 부족하다고 생각한다.
(1 / 2 / 3 / 4 / 5)점

25) 교과서의 노래, 챈트, 놀이, 역할극 위주의 수업이 재미있다. (1 / 2 / 3 / 4 / 5)점

26) 교과서의 노래, 챈트, 놀이, 역할극 위주의 수업이 영어 실력을 향상시켜 주었다. (1 / 2 / 3 / 4 / 5)점

27) 현재 배우고 있는 단어들보다 더 많은 영어 단어들을 배우고 싶다. (1 / 2 / 3 / 4 / 5)점

28) 3학년부터 영어를 배운 후, 영어에 더 관심을 갖게 되었다. (1 / 2 / 3 / 4 / 5)점

부록 2: 반구조화된 심층 면담지(학생용)

나이: 만 　　세

학년: 3학년(　), 4학년(　), 5학년(　), 6학년(　)

영어에 대한 학교 이외의 사교육 경험: 있음( ), 없음( )

【수업 목표】

1. 수업 목표를 선생님께서 학생들에게 어떻게 제시합니까?
2. 선생님께서 수업 목표를 학생들에게 수준별로 나누어서 제시합니까?
3. 선생님께서 영어 시간에 다른 교과도 통합한 수업 목표를 제시합니까?
4. 선생님께서 수업 목표를 제시하실 때, 영어권 문화에 대해서도 포함을 합니까?
5. 선생님께서 그 지역의 특성들을 고려하여 수업 목표를 제시합니까?

【수업 내용】

1. 영어 시간에 다른 교과목들을 활용한 통합적인 내용으로 수업을 받나요?
2. 영어 시간에 과업중심으로 수업을 받나요?
3. 수업 내용에 많은 영어 자료들이 사용되어지나요? 사교육은 어떠한가요?
4. 듣기와 말하기 수업을 교과서대로 배우나요, 아니면 재구성된 교과서로 배우나요?
5. 읽기와 쓰기 수업을 교과서대로 배우나요, 아니면 재구성된 교과서로 배우나요?
6. 영어 수업시간에 읽기와 쓰기를 듣기와 말하기처럼 활동 중심으로 배우나요?
7. 수업 내용이 본인의 수준에 맞나요?
8. 수업 내용에 영어권 문화도 포함되나요?
9. 수업 내용이 그 지역의 특성을 반영하고 있나요?

【수업 방법】

1. 수업 방법은 교과서를 재구성하여 받나요? 받는다면 어떻게 수업을 받나요?
2. 과업중심으로 수업을 받는다면 어떻게 받나요?
3. 다른 교과목들을 활용한 통합적 영어 교육을 받나요?
4. 수업 방법은 다양한 학습 자료들이 사용되나요? 사교

육은 어떠한가요?

5. 음성언어인 듣기와 말하기 수업을 활동 중심으로만 수업을 받나요?
6. 음성언어와 마찬가지로 문자언어도 똑같은 비중으로 수업을 받나요?
7. 문자언어인 읽기와 쓰기를 활동 중심으로 수업을 받나요?
8. 듣기와 말하기를 따로따로 배우나요, 아니면 통합적으로 배우나요?
9. 읽기와 쓰기를 따로따로 배우나요, 아니면 통합적으로 배우나요?
10. 담임교사와 전담교사 중에 누가 초등영어 수업 방법에 적절하다고 생각하나요?

【평가】

1. 평가는 본인의 수준에 맞추어 평가를 받나요?
2. 평가는 학생들의 정의적 영역에 맞추어 평가를 받나요?
3. 평가는 학생들의 인지적 영역에 맞추어 평가를 받나요?
4. 수행평가는 어떻게 받나요?
5. 성취도 검사도 수행평가에 반영되나요?

6. 수행평가가 본인의 학업성취도에 긍정적인 영향을 주었다고 생각하나요?
7. 평가도구는 구체적으로 어떠한 것들이 사용되나요?

참고문헌

김소영(2001), 「초등학교 영어교과서 어휘분석을 통한 어휘지도방법」, 진주교육대학교 석사학위논문.

김송희(2002), 「초등영어 CD-ROM 타이틀에 나타난 문화 내용 분석 및 교사의 인식도 조사」, 대구교육대학교 석사학위논문.

김영숙(2002), 「제7차 초등영어 3, 4학년 교과서의 놀이 활동 및 그 활용 실태」, 『초등영어교육』 8(2), 한국초등영어교육학회, 31~62쪽.

김영철(2004), 「제 7차 초등영어 교육과정의 현황에 관한 연구: 교사와 장학사 중심 설문 조사를 통하여」, 『초등영어교육』 10(1), 한국초등영어교육학회, 5~41쪽.

김장규·윤지여(2002), 「초등학교 영어과 CD-ROM 타이틀 활용에 관한 조사 연구」, 『초등영어교육』 8(2), 한국초등영어교육학회, 121~148쪽.

김진철(2003), 「초등학교와 중학교 영어교과서의 네 가지 기능 지도 비율에 대하여」, 『초등영어교육』 9(1), 한국초등영어교육학회, 51~68쪽.

김해동(2005), 「초등 영어 학습자 요구 조사 연구」, 『초등영어교육』 11(1), 한국초등영어교육학회, 59~83쪽.

노현수(2001), 「초등학교 영어 교과서의 문화 내용 분석」, 공주교육대학교 교육대학원 석사학위논문.

박영예(2003), 「제7차 교육과정 초등영어 3, 4학년 교재에 대한 학생들의 만족도 분석」, 『초등영어교육』 9(2), 한국초등영어교육학회, 93~122쪽.
박옥희(2004. 1), 「초등영어 교육에서의 문화지도 내용의 선정 및 계열화」, 한국초등영어교육학회 학술대회발표논문, 공주교육대학교.
박유신(2001), 「초등영어 문화교육의 개선 방향」, 석사학위논문, 서울교육대학교 교육대학원.
박정애(2001), 「초등학교 저학년 아동의 수준별 어휘 지도 방법 개발」, 석사학위논문, 대구교육대학교 교육대학원.
성춘자(2001), 「제 7차 교육과정하의 초등 영어 CD-ROM 타이틀 및 인터넷 활용 모델 개발에 관한 연구」, 동덕여자대학교 교육대학원 석사학위논문.
안현모(2001), 「제 7차 교육과정에 준거한 초등학교 영어과 학습자용 CD-ROM의 활용 양상에 관한 연구: 지각양식이 CD-ROM 학습에 미치는 효과를 중심으로」, 한국교원대학교 대학원 석사학위논문.
오연화(2001), 「초등학교 4학년 영어 교재 분석 및 평가: 제7차 교육과정을 중심으로」, 가톨릭대학교 교육대학원 석사학위논문.
오준일(2004), 「초등영어교육 목표 설정의 과제」, 『초등영어교육』 10(2), 한국초등영어교육학회, 5~23쪽.
이성뢰(2002), 「제 7차 초등영어 교과서 분석: 대화 예문 중심으로」, 대구교육대학교 교육대학원 석사학위논문.
이영희(2002), 「초등영어 문화지도 모형 개발을 위한 연구」, 『초등영어교육』 8(1), 한국초등영어교육학회, 167~212쪽.
이완기(2004), 「제 7차 교육과정 초등학교 영어 교육 목표와 내용 구성의 개선 방향」, 『초등영어교육』 10(2), 한국초등영어교육학회, 25~54쪽.

이의갑(2004), 「제 7차 교육과정에 근거한 초등영어 교육내용 적정성에 관한 연구: 양, 수준, 흥미도에 관하여」, 『초등영어교육』 10(2), 한국초등영어교육학회, 55~95쪽.

이찬현(2001), 「초등학교 영어 교과서에 선정된 신어휘에 관한 연구」, 공주대학교 대학원 석사학위논문.

이효은(2001), 「초등학교 영어 교과서 내용 분석: 제 7차 교육과정을 중심으로」, 한양대학교 교육대학원 석사학위논문.

임춘희(2004), 「초등학교 7차 교육과정 영어과 CD-ROM 타이틀 분석」, 공주교육대학교 교육대학원 석사학위논문.

장은영(2002), 「초등학교 영어 교과서 내용분석: 7차 교육 과정 중심」, 호남대학교 대학원 석사학위논문.

최진황(2003, 7월), 「The national curriculum revision: 교육과정 구성의 원리 및 실제」, 한국외국어교육학회 여름학술대회 워크샵, 서울대학교.

최진황·이윤(2004), 「제7차 초등영어 교육과정의 현장 적용 실태 분석」, 『외국어교육(Foreign Languages Education)』 11(2), 한국외국어교육학회, 349~375쪽.

저자 소개

김 영 철

공주교육대학교 영어교육과 교수(영어교육 박사)
오하이오 주립대학 교환교수(2010년)

【논문】

2009, 「학생중심의 제7차 초등영어 교육과정의 발전적 고찰에 관한 연구」, 『Studies in English Education』 14(1), 글로벌영어교육학회.

2008a, 「교사와 학습자가 공유한 루브릭이 초등영어 말하기 능력에 미치는 영향」, 『Studies in English Education』 13(1), 글로벌영어교육학회, 66~98쪽(김영철 외 1인).

2008b, 「제7차 초등영어 교육과정의 발전적 고찰에 관한 연구: 교사 중심으로」, 『외국어교육(Foreign Languages Education)』 15(2), 한국외국어교육학회, 273~318쪽.

2008c, 「Improving English expressive power, reading comprehension, and geographical insight through geographical content」, 『Studies in English Education』 13(2), 글로벌영어교육학회, 1~20쪽(Kim, Young-cheol 외 2인).

2005, 「초등영어 사교육이 학습자들의 정의적 영역에 미치는 영향: 설문 조사와 심층 면담을 통하여」, 『영어영문학연구』 31(3), 대한영어영문학회, 91~124쪽(김영철 외 1인).

2004a, 「다양한 활동의 단계별, 수준별 통합적 읽기·쓰기 지도가 학습자들의 문자언어 향상에 미치는 영향」, 『Foreign Languages Education』 11(2), 한국외국어교육학회, 297~324쪽.

2004b, 「제7차 초등영어 교육과정의 현황에 관한 연구: 교사와 장학사 중심 설문 조사를 통하여」, 『초등영어교육』 10(1), 한국초등영어교육학회, 5~41쪽.

2002a, 「초등영어 교실에 적용할 수 있는 평가의 방향」, 『Foreign Languages Education』 9(3), 한국외국어교육학회, 265~287쪽.

2002b, 「통합적인 초등영어 읽기, 쓰기 교수·학습에 관한 연구」, 『Studies in English Education』 7(2), 글로벌영어교육학회, 37~58쪽.

2001, 「Grammatical conditioning and teaching English double object constructions to Korean students」, 『Foreign Languages Education』 8(1), 한국외국어교육학회, 97~118쪽.

【저서】

2011, 『초등영어 교과서 3, 4학년』(김영철 외 6인), 금성출판사.

2011, 『초등영어 교사용지도서 3, 4학년』(김영철 외 6인), 금성출판사.

2009, 『교사중심의 제7차 초등영어 교육과정의 심층 분석』, 글로벌콘텐츠.

2009, 『초등영어 통합교과 지도방법』(김영철 외 1인), 글로벌콘텐츠.

2006, 『교과 교차적 통합 초등영어 지도방법』(김영철 외 1인), 경진문화사.

2005, 『초등영어교육론』, 한국문화사.

2003, 『초등영어 PELT Level Test 1급, 2급, 3급』(김영철 외 3인)

2003, 『초등영어 PELT Standard Book 1급, 2급, 3급』(김영철 외 3인)

【학회활동】

글로벌영어교육학회 부회장, 편집위원장(2008~2010)
한국초등영어교육학회 편집위원(2004~2010)
한국초등영어교육학회 편집이사(2004~2006)
팬코리아영어교육학회 편집위원(2004~2009)
현 대한영어영문학회 이사

학생 중심의 제7차
초등영어 교육과정 심층분석

1판 1쇄 인쇄 ‖ 2011년 05월 20일
1판 1쇄 발행 ‖ 2011년 05월 30일

지은이 ‖ 김영철
펴낸이 ‖ 홍정표
이 사 ‖ 양정섭
책임편집 ‖ 김현아
디자인 ‖ 김미미
기획·마케팅 ‖ 최관호 주재명 노경민
경영지원 ‖ 최정임

펴낸곳 ‖ 글로벌콘텐츠
등 록 ‖ 제25100-2008-24호
공급처 ‖ (주)글로벌콘텐츠출판그룹
주 소 ‖ 서울특별시 강동구 길동 349-6 정일빌딩 401호
전 화 ‖ 02-488-3280
팩 스 ‖ 02-488-3281
홈페이지 ‖ www.gcbook.co.kr
이메일 ‖ edit@gcbook.co.kr

값 8,000원
ISBN 978-89-93908-30-5 93740